叛逆期关键养育

[德]丹妮勒·格拉芙　[德]卡嘉·赛德　著

潘璐　译

著作权合同登记号　图字：01-2020-0291号

Das gewünschteste Wunschkind aller Zeiten treibt mich in den Wahnsinn
Copyright © 2016 Beltz Verlag in the publishing group Beltz • Weinheim Basel
Authors © Danielle Graf, Katja Seide
Simplified Chinese translation rights arranged through jia-xi books co.,ltd.
Simplified Chinese translation copyright © 2020 by Blossom Press
All rights reserved

图书在版编目（CIP）数据

叛逆期关键养育 /（德）丹妮勒·格拉芙著；（德）卡嘉·赛德著，潘璐译. -- 北京：朝华出版社，2020.10（2021.10重印）
ISBN 978-7-5054-4665-6

Ⅰ. ①叛… Ⅱ. ①丹… ②卡… ③潘… Ⅲ. ①学前教育－家庭教育 Ⅳ. ①G781

中国版本图书馆CIP数据核字(2020)第160394号

叛逆期关键养育

作　　者	〔德〕丹妮勒·格拉芙　〔德〕卡嘉·赛德
译　　者	潘　璐
责任编辑	王　丹
责任印制	陆竞赢　崔　航
封面设计	未　末
出版发行	朝华出版社
社　　址	北京市西城区百万庄大街24号　邮政编码　100037
订购电话	（010）68996050　68996522
传　　真	（010）88415258（发行部）
网　　址	http://zhcb.cipg.org.cn
印　　刷	阳谷毕升印务有限公司
经　　销	全国新华书店
开　　本	710mm×1000mm　1/16　字　数　180千字
印　　张	16
版　　次	2020年10月第1版　2021年10月第3次印刷
装　　别	平
书　　号	ISBN 978-7-5054-4665-6
定　　价	49.80元

版权所有　翻印必究·印装有误　负责调换

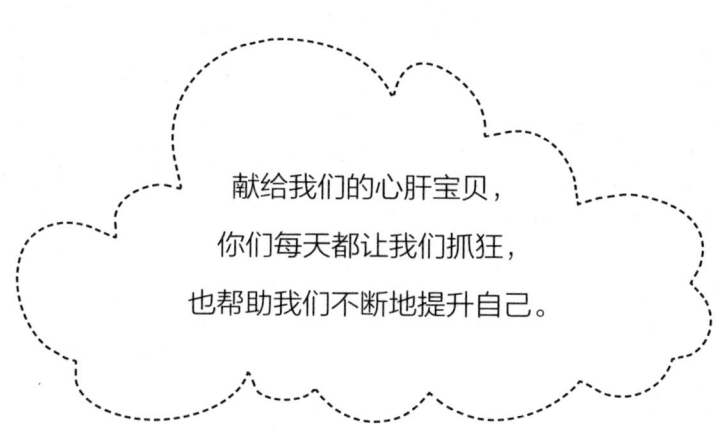

献给我们的心肝宝贝,
你们每天都让我们抓狂,
也帮助我们不断地提升自己。

前言
关于暴君式的"熊孩子"和有贯彻力的成年人的童话

"好啦,这回可合了她的意了。"我一边对父亲眨了眨眼睛,一边说,"你可真是个'软柿子',她想怎么捏就怎么捏!"父亲一脸不解地望着我。我估计,他怀疑我到底还有没有理智。

我们俩刚刚一起进行了周末大采购,回到家筋疲力尽,立刻就想瘫在沙发上横躺着。可惜我们忘了买烤蛋糕的黄油。大型生日庆祝会即将开始,我母亲正在厨房里和面,她急需黄油。必须有人再跑一趟。"你能不能自己去一趟啊?"父亲问母亲,"我得休息一下,我实在是累坏了。""我可以去啊,但是我火上还煮着东西呢。我觉得还是你去比较好。有劳你啦!"母亲说。父亲边叹气边重新把鞋穿上。他小声嘟囔着,这回他要开车,因为他不想再走那么远的路。"你不会为了买一块儿黄油还开车去吧!"母亲惊讶地在厨房里冲他喊道,"另外,我们在大门口的停车位多好啊。明天我们还得把开派对的东西装到后备厢里呢,所以车停得越近越好啊。""没错!"父亲点点头,"我把这事给忘了。""你可以去路口那家小店。虽然有点儿贵,但你不用跑远路了。然后你就可以在沙发上休息了,这一点我可以保证,因为我需要的东西都齐全了。"母亲说。

父亲考虑了一下这个建议对他来说是否可以接受,然后决定道:"好的,就这样吧,一会儿见!"我也再次把鞋穿上,陪父亲去买东西。我们一出家门,我就对他说:"我没说错吧,这回可合了她的意了。你可真是个'软柿子',她想怎么捏就怎么捏!"父亲满脸困惑地看着我,"怎么啦?我和你妈只是看看怎样对两个人都合适。我们相互妥协了一下。这在人际关系中不是很常见嘛。"

也许你们现在正在问自己,这段趣事和叛逆期有什么关系。也许你们在读这段的时候,甚至又翻回封面看了看,怀疑自己是不是拿错书了。你们肯定这么做了。我之所以觉得这段对话值得重复一遍,是因为这段对话和我不久之前与我2岁的儿子进行的一段对话极其相似,只不过他在陈述自己的理由的时候,不能像姥爷那么振振有词。

那天儿子上了一整天幼儿园,放学后我们在游乐场玩儿。刚好我父亲来看外孙子。他是一个特别棒的、充满热情和爱心的姥爷,外孙子对他崇拜得不得了。所以我想利用这个机会离开五分钟,快速地到一个小店去买点儿酸奶。但我儿子不同意。

儿子有点儿激动:"一起一起。"

我问道:"你想一起去买东西吗?"

儿子带着哭音:"想。"

我说:"宝贝不去。妈妈去买酸奶,一眨眼就回来了。你可以跟姥爷再挖一会儿沙子。"

儿子越发激动:"不!一起一起。"

我叹气道:"好吧。那我把你放在婴儿车里,这样比走路快。"

儿子开始哭起来:"不,抱抱!"

我有些烦躁："这样不行，宝贝，妈妈太累了。而且我抱着你怎么拿买的东西呢？"

　　儿子大哭："我！哇……"

　　我装作没听见哭声，问道："你想帮妈妈拿东西？"

　　儿子哭声放小："是。"

　　我顺从地叹气："那好，走吧。"

　　当我把儿子抱起来的时候，我父亲友好地对我眨眨眼："这回他赢了。这回可合了他的意了。"

　　其实两段对话没有太大的区别，除了我的儿子年龄小，话还说不清楚，因此不能完全跟我解释明白，为什么跟我一起去对他来说十分重要。他还不会用论据来支撑他的愿望，像我妈跟我爸说话时那样。但是从根本上来说，他的论证和成年人的十分相似。不管是我爸还是我，为了照顾各方面的需求，都进行了妥协。

　　这两段对话之间真正巨大的差别是我们看它们的角度：在成年人对话的时候，我们觉得照顾双方的意愿是正常的和正确的。但在成年人和孩子对话的时候，我们就不这么想了。在我们的社会中有一种普遍的观点：小孩子哭哭啼啼或者大喊大叫地表达他们的愿望，是想像小暴君一样控制他人，好满足自己的这些愿望；大人绝对不可以支持孩子的这种做法，而是要进行坚决的抵制。

　　"熊孩子"不但不听话，甚至拿出捶打、撕咬、吐口水的法宝，因为他们还说不明白。他们越是不服管教，我们越是心里发毛。我们教育孩子的方法真的对吗？我们的孩子真的变成小暴君可怎么办？周围的人不是都已经发出过预警吗，难道我们不应该设定一些限制？因为我们的孩子不仅要面对家庭，还要立足于社会。他们应该在幼儿园或者学校里融入群体，以后在工作中他们也不应该总跟同事发生磕磕绊绊。在书店里，我们会发现满架的育儿指南都建议在面对如此的反抗行为时，回归老式的教育方法，只要家长坚定不移，一定会效果良好。比如安妮特·卡斯特-察恩就建议那些犹豫不决的家长，孩子如果发飙，就让他们回自己的房间"好好想想"。米夏埃尔·温特霍夫和贝恩哈德·布伯在他们的著作中也强调，应该尽早让孩子明白，他们应该听大人的话，大人对他们的一意孤行是不会姑息的。

我们真的应该这么做吗？为了让我们的孩子在将来适应社会，家长应该对"需求为导向"的教育方式敬而远之吗？我们认为：不！我们想通过本书清除"被惯坏的暴君"的古老神话，支持父母和祖辈，把目前在婴儿阶段通行的"需求为导向"的教育在孩子1岁之后仍然坚持下去。我们想给他们指出一条轻松度过所谓的叛逆期的道路。因为完全没有必要因为鸡毛蒜皮的小事和自己的孩子不停地吵闹，甚至没必要训斥孩子。我们保证，你们读过本书之后，如果再遇到孩子在超市糖果货架前撒泼打滚儿，你们会不愠不怒，做出充满爱和理解的反应。你们会站在孩子身边想："我根本不用管他！"如果再看见半碗饭被扣在地上，再碰上早上起来拒绝穿鞋、本打算亲热却变成了咬人、非要摸插座、在游乐场上抓沙子乱撒这种事，你们会明白，孩子为什么会这么做，你们怎样才能让孩子不再这么做。

为了让我们的说法有科学依据，我们翻看了不少相关书籍，研究了很多文章和调研数据。我们总结了心理学、神经科学和亲子研究的最新成果，并在书中引用了这些领域的很多专家的说法。他们的看法都是一致的：基于安妮特·卡斯特-察恩、温特霍夫推崇的教育方法——对好的行为进行表扬，让坏行为得到消极的后果——确实能起作用，但是往往也伴随着家庭关系的恶化，甚至会导致孩子心理方面的不良后果。要想避免这样的风险，必须在教育的层面上转换思路。

在我们向大家讲解如何转变思路之前，我们想介绍一下幼童的神经生物学的基本知识。我们先看看大脑是如何工作的，让大家明白，孩子因为一块儿饼干碎了就大发雷霆，一生气就拳打脚踢，家长刚好言相劝不要扒垃圾转脸又去翻垃圾桶，这些行为都是不受他们控制的，也并不是他们有意为之。关于孩子大脑发育的基本科学知识初看上去可能有些干巴巴，但是对于我们了解大脑的工作方式是很重要的，只有这样我们才能理解孩子。看了这一内容的相关章节，你们肯定会恍然大悟。

一起研究完理论部分之后，我们将给大家解释，为什么"熊孩子"的行为会那么快地让家长怒火万丈。我们将展示几个家长怒对"熊孩子"的典型案例，分析一下家长自己的童年对孩子的行为有哪些影响，孩子为什么会常常觉得难以自控。这一部分我们觉得尤其重要，因为家长的怒气跟孩子没有发育完全的神经系统一样，也是促成典型的反抗行为的基本原因。我们甚至可以说，日常生活中的许多争执之所以发生，是因为家长"犯拧"了。迄今为止，关于叛逆期的家长指南里没有一本讨论过家长为何发怒，我们认为，其原因就是上文提到的社会对孩子的特定视角。孩子要改变自己，要适应社会，要接受教导，而成年人总是正确的，不需要花时间对自身做什么工作。我们想借此书开阔一下这个视角。我们想让大家看到，在一种关系之中，只有所有参与者——不管年龄大小——都平等地给予和索取，这种关系才会是和谐的。

最后一部分内容里，我们思考的是，哪些界限是有意义的，怎样怀着爱意陪伴发怒的孩子，家长何时应该坚持自己的界限或规则，使得孩子的大脑逐渐学会去感知和应对别人的需求，而不是只关注自己的利益。

在实践部分里，我们描绘了孩子最常见的不合作行为，并建议家长可以尝试一些经过我们检验的方法，使家长能够及时避免这种情况的发生，或者轻松地应对，尽可能从容地向孩子妥协，或者让孩子顺从大人的愿望。

在本书所有的章节中，我们都不仅仅是从我们自己的经验、经历和考虑出发，而是借鉴了我们的博客"盼星星盼月亮终于盼来的孩子让我发疯——轻松度过儿童叛逆期"里面的许多内容。这本书的原书名也是从这个博客来的。三年半以来，我们通过这个博客跟许多读者（目前平均每个月二十万人左右）保持着联系，这些读者每天都带着大大小小的烦恼和故事跟我们分享，也有许多感人的、引人思考的观察和来自家庭的经历。我们在举例的时候把名字改了，有些进行了精简，来支撑我们的论点。

在此我们还想向尼娜·安格南特、约迪斯·格拉芙、丽卡达·伍伦克德等几位医生和博客读者表示感谢，她们在关于孩子的大脑和家长发怒的心理学背景等章节为我们提供了咨询意见，还要感谢我们的朋友勒提起亚，她给本书提了许多宝贵的建议。

我们俩——卡嘉和丹妮勒——和五个孩子生活在一起，他们在2-7岁，都正好处在所谓叛逆期年龄。我们的生活因此每天都更加丰富多彩，唉，有时也不胜其烦。我们很感激其他的家长能通过博客与我们沟通，多年来我们几乎每天都有联系。在共同创作我们第一本书的过程中，我们彼此之间的联系变成了我们两个人生活中一个固定的、让我们获益良多的组成部分。

从这一点我们又想回到本书开头所举的例子上。我的儿子真是在购物时尽力帮了我的忙。我把他抱到了商店，满足了他的需求，他也乐意认可我的需求。他从我的胳膊上滑下来，在商店里安安静静地陪在我身边。他帮我把酸奶放进购物车里，然后吃力地把酸奶放在收款台的传送带上，最后把它们整整齐齐地放进我们的购物袋里。结束之后，就像他事先保证的那样，他一个人提着购物袋，显然很自豪地走回了游乐场。尽管我原计划自己去购物，以节省时间，但和他一起度过的那半小时却是无比美好的。

Contents 目录

孩子的怒气
发怒的"熊孩子":对自立的追求开始了　　2
学会承受情感　　10
学习体会别人的感受　　13
控制强烈的情绪　　20
理解"不"和"别"　　26
将咬人作为沟通的方式　　33

家长的怒气
内心里的孩子被唤醒了　　42
我们误以为孩子有什么企图　　46
"孩子发起脾气,我也忍不住了"　　55
"她一哭我就肝火上升"　　64
"我担心自己的孩子"　　68
"我恨不得钻到地缝里去"　　75

给"熊孩子"家长定制的翻译助手
流行不衰的气人回答　　84
嬉皮笑脸常常表示对不起　　92
合作是个在建的工地　　107
如果社会不问青红皂白就对孩子做出判决　　120
我们的教育无意中消除了孩子的合作意愿　　123

尽管如此——鼓励自立

加强合作意愿——怎么做？　　130

明确很重要　　148

谈心　　152

和一群孩子自由玩耍　　155

轻松相处的妙招儿和花招儿

"我的孩子拒绝自己上楼梯"　　158

"我的孩子不想穿衣服"　　163

"饭菜经常撒得满地都是"　　168

"我的孩子经常乱跑"　　173

"每天晚上睡觉前都要干一仗"　　182

"磨蹭妹和磨叽哥"　　190

"换新纸尿裤——没门儿！"　　197

少给孩子设限制

找出界限在哪儿的六个标准　　208

当说"不"不管用的时候　　214

为什么惩罚解决不了问题　　217

急性反抗大发作时的应急措施

缓和气氛三步走   222

当安抚不管用的时候   228

压力调节，学会如何安抚自己   234

后记：叛逆期赞歌   239

孩子的怒气

大家都知道,自立阶段大约从2岁开始。但实际上,从孩子11个月开始,最晚在过完1岁生日之后,家长会发现,孩子会突然因为小事情就大发雷霆。

发怒的"熊孩子"：对自立的追求开始了

当婴儿长成幼童，有一天他们会明白，他们的愿望和喜好并不总是能跟周围其他人的相一致，因此也不是总会得到满足。虽然还是小小年纪，但是他们将越来越多地面对愤怒、悲伤、失望，甚至恐惧。家长们经常会感到惊讶，怎么所谓的叛逆期这么早就开始了。大家都知道，自立阶段大约从2岁开始。但实际上，从孩子11个月开始，最晚在过完1岁生日之后，家长会发现，孩子会突然因为小事情就大发雷霆。尤利娅（29岁）讲过这样一件事：

我的儿子保罗（1岁），最近一段时间常常会进入典型的叛逆状态，比如昨天晚上我允许他吃一小块儿巧克力。他特别爱吃巧克力，还没吃完，他就哼哼唧唧地站在我们的柜子前边，想再要一块儿。我和声细语地告诉他，他已经吃过一块儿了，不能再吃了。他的哼哼唧唧就变成了大声的抱怨，然后往地上一趴，大哭起来。我一开始想着不理他，但他的哭声越来越大，干脆变成了撒泼打滚儿。他被自己的怒气控制了。过了一会儿，我开始担心了。因为这看起来已经不是装模作样，而是陷入愤怒之中不能自拔。我真的害怕他会哭得背过气去。我试着跟他说话，平静地给他解释，为什么不能再给他一块儿巧克力，但他看起来根本就没有听见我说的话，整个人像是被一堵墙围了起来。我试着把他抱起来，平时这个方法不灵，他会更生气，还会打我，但是昨天他让我抱他了。我把他抱起来，轻轻搂着他，我马上感觉到他好了一点儿。哭声并没有变小——他还是像挨针扎似的哭，但好歹是偎在我身上，四肢抽搐得也不那么厉害了。感觉过了好久，他的哭声总算停止了。

1-4岁孩子的家长估计都遇到过这种情况。经常是鸡毛蒜皮的小事，但孩子却大发雷霆。有时候是在游乐场，家长想回家，孩子不想回；有时候是在饭桌上，家长给孩子的杯子是蓝色的，而不是孩子喜欢的红色。这样的小冲突引来的怒火又往往需要很长时间才能平息，真是让家长不知所措、沮丧无比。为什么我们的孩子这么难以控制自己呢？

孩子的大脑很特别

为了解释清楚为什么保罗这样的孩子会因为鸡毛蒜皮的小事而被自己的情绪控制，我们先得说说人的大脑的组成以及各部分的功能。我们的大脑大致可以分为两部分，一部分是情感脑，另一部分是认知脑。神经科学家当然还把大脑细分为很多更小的部分，但这些细节对我们来说并不重要，大致的划分就能说明我们的问题了。现在我们想象一个情形：我们眼角的余光看到一个黑影从身后扑过来。我们的情感脑，也称边缘系统，察觉到这个黑影，指挥我们的身体惊慌地跳到一边。一秒钟之后，我们的认知脑，也称新皮层，才完成了对眼睛采集到的信息的分析，我们松了一口气，原来那个黑影是一条并不可怕的狗，它调皮地惊飞了一只鸽子。从这个例子我们可以很清楚地认识我们"两个大脑"的工作：一个让我们在以为有危险时进行本能、快速的反应；另一个进行理性的分析，使我们能够进行有意识的决定。大脑的这种分工是身处叛逆期的孩子要面对的一个基本问题。

情感脑

边缘系统从进化史上来讲是我们大脑中最古老的部分，是由好几个不同的区域组成的。与新皮层不同的是，它属于古脑的残余，也就是说，它的神经细胞会对外部刺激产生直接的反应。由于其结构简单，信息处理的速度也就飞快——我们不停地无意识地从外界获取信息，边缘系统以毫秒级的速度判断我们的生命会不会受到某种形式的威胁。我们大脑的这一部分说明了我们人类动物性的起源。借助边缘系统，我们可以像动物一样做出本能的反应。比如，我们经常能在网上看到一些有趣的视频，有人将一根黄瓜放在他家猫的身后，然后饶有兴趣地观察猫是如何被吓得一跃而起，仓皇逃窜，因为它从眼角的余光看到了"危险"。显然，猫的边缘系统把黄瓜当成了一条蛇，所以启动了它的预警状态。边缘系统的重要任务是加工各种情感，因此也被称为"情感脑"。一个人在成长的过程中经历不同的情况和情感，边缘系统的相应区域也被相应地启动。情感和情况被放在一起，存储在情感脑中。如果一个孩子在遇到狗的时候不断经历恐惧的情况，他的情感脑会进行相应的存储，估计这个孩子一生中只要遇到狗就会有惧怕的反应。如果他是和一条特别温驯、可爱的狗一起长大的，他就会把这种积极的情感和狗的图像一起存储起来。边缘系统还控制着身体的反应和功能：脸红、心跳、呼吸、平衡、体温和睡眠。因此，如果一个人不喜欢狗，看见一条大狗朝他走来，他就会不由自主地出汗，甚至晚上睡不好觉，因为他脑子里总想着碰到大狗的事。

认知脑

人脑较年轻的部分叫新皮层，它决定了我们头脑里那些灰白物质沟回曲折的形态，它包裹着边缘系统——我们的情感脑，就像外部的一个保护罩。新皮层又被称为认知脑，因为它的工作方式极其理性和精确。它的主要职责是让人进行逻辑性和分析性的思考，考虑一个情形中的好处和弊端。认知脑可以帮助孩子在说话时选择正确的词汇，在分小熊糖时选较大的一堆，先穿内裤再穿牛仔裤而不是反过来。它还让人在危险的情况下被惊吓之后保持冷静，而不像那只猫一样，看见黄瓜掉头就跑。认知脑能够确认刺激的发出者有没有危险，使我们可以控制自己的动物性冲动。

认知脑中位于前额后、眼睛上方的部分最为重要，最为发达。这部分被称为前额叶，本书中会经常提到它。因为它控制着对我们人类来说特别重要的一些身体功能，借助它，我们可以控制自己的攻击冲动，使自己较长时间集中精力在某件事情上，对未来做出计划，做出符合道德标准和有同理心的决定。

有趣的是，我们的情感脑可以关闭认知脑。科学家一致认为，这从进化的角度来说是有意义的。一个采集浆果的原始人如果无法意识到身后有危险靠近，那他很快就成了死人。情感脑时刻警惕着，监视着周围，一旦出现奇怪的情况就马上发出警告。采集浆果的人所有寻找食物的想法会瞬间被情感脑阻断，团队成员之间的谈话将中止。实际上，在这一刻所有的思想和言语都无暇顾及了，即使有人还想再说些什么，他也说不出来了。采集浆果的原始人会本能地转身拿起武器，迎战进攻的野兽。即使在今天，这种能力也十分重要。比如我们边走路边玩儿手机，一旦危险发生——一个骑自行车的人在人行道上向我们冲来，或者我们前面发出巨大的响声，我们会本能地抬起头来做出反应，根本不需要思考。在这种情况下，也是情感脑把认知脑的工作一下子停止了。

我们经常能在文献里看到，如果一个成年人身上的感情占据了上风，比如出现被恐惧干扰的情况，情感脑会在较长一段时间里都控制着认知脑，结果就是，这个人很难较长时间地集中注意力、完成计划，因为前额叶的分析能力受到了很多限制。这个人在压力大的情形下会变得更有攻击性，更容易恼怒，而当大脑各部分处于健康的平衡状态时，则不会出现这种情况。这是不是让人觉得有点儿像孩子？突发的拳打脚踢、感情用事的反应、短暂的注意力集中、几乎不会对未来进行规划——也许我们的"小犟牛"的典型特征和他们的大脑有关。是的，确实如此，科学研究这样告诉我们，而且关系特别密切，这是那些小暴君理论的拥护者不愿相信的。

出生的时候，孩子的大脑虽然结构上已经完整了，但还远远没有成熟。新生儿出于本能就知道他们需要什么——食物、亲近或者睡眠。他们会使出吃奶的劲儿，放出他们的大嗓门儿，让身边的人满足他们的基本需求。但是他们还不会思考他们到底需要什么，在眼下这个时刻，什么东西能帮助他们。这些思考工作一开始是由成年人或者哥哥姐姐来代劳的。一旦身边的人做出一个举动让婴儿获得舒适的感觉，婴儿大脑中的神经元里就会有电流通过，把他经历的这种因果关系加以固定。如果一个新生儿感觉到肚子里不舒服，就会不自觉地咂吧小嘴，或者把头摇来摇去，妈妈看出这是饥饿的信号，立刻给他哺乳。对这个新生儿来说，就产生了第一个意义关联。这种关联当然是他事后才意识到的，他体验到，肚子里不舒服的感觉通过吃奶消失了，这个信息会在大脑里储存下来。新生儿吃奶时的美好感觉，包括与亲人的身体接近、目光的接触、微笑、奶水的温热以及甜甜的味道，都会让他感觉到幸福。再加上渐渐吃饱的感觉，这些积极的情感联系都会牢牢地存储在大脑里。

认知脑中神经元之间的连接虽然增长得很快，但是在婴儿和幼童身上，情感脑仍然发挥着主导作用，这一点是与较大的孩子和成年人不同的。情感脑让孩子做出本能的、下意识的和突发的决定，而且使幼童成为解读人类的表情和身体姿态的专家，但是它也让小孩子做出比较感性的而不是那么理性的反应。

想要驾驭我们的情感，我们人类就需要新皮层。它可以让我们表现得理智,是我们大脑中一个奇妙的、极其重要的控制机制。比如有件事让我们生气,只有借助新皮层的帮助,我们才能遏制自己的冲动,不会不假思索地就对人拳脚相向。但是对婴儿和幼童来说,正好这一部分发展得很不完全。大脑的神经通路虽然一部分已经存在,但是要通过许多练习才能够发挥作用,而且这需要——别怕——几年的时间。

如果幼童经历一个压力状态,比如成年人禁止他做什么事情,情感脑就会占据上风,把理智、有耐心的那部分大脑的功能几乎完全屏蔽,孩子就会被他的情感控制,发起脾气来——他会撒泼、喊叫、吐口水、打人、踢人,完全失去控制。比如前面例子中的保罗,他因为得不到第二块儿巧克力就很失望。他想表达这种失望,因此他开始哼哼唧唧。也许他真的想通过这种手段,说服他的妈妈再给他一点儿巧克力。但当妈妈又重复了"不行"之后,他就扑倒在地,大声哭起来。这不是因为他发起了犟脾气,而是妈妈的第二个"不行"使他产生了更多的压力。在这一刻保罗完全被他的情感控制了,情感脑占据了上风,他承受的压力超出了自己调节能力的极限。

如果家长这时候想用语言来说服这种状态下的孩子,那就打错了算盘。因为只有认知脑是主管语言的,而认知脑在这时恰恰"暂停服务"了。孩子根本无法加工家长的言语,因为情感脑把这个功能锁死了。因此也就不用奇怪,为什么家长常用的安抚手法完全失效了,孩子现在根本听不懂我们说什么。他们不可能听懂,因为此时负责语言识别的脑区被关闭了。保罗的妈妈在这种情况下的判断是正确的,她感觉保罗像是被一堵墙围了起来,她根本无法接近他。因此,她本能地选择了另外一种方式,把他抱起来安慰他。通过与亲人的身体接触，保罗的大脑分泌了能阻止压力的激素——催产素，使他渐渐地平静下来。

拥抱并不总是最好的途径。孩子在发怒的时候往往拒绝身体接触。在孩子不想让人碰的时候，家长如何安慰他呢？这时候情感脑的超强能力就开始发挥作用了——它可以解读"非语言的"沟通方式，表情、身体姿态、语调。这些信号即使在孩子发怒的情况下，也可以被情感脑接受。真是谢天谢地，这种能力让家长在孩子发怒时少受了不少罪。

家长可以通过他们的音调、表情和动作来安慰发怒的孩子。他们不需要很多的言语就能反映孩子的情感，孩子的情感脑会理解这些信息。孩子会意识到，大人了解了他的问题，并且试图找到一个解决办法。这会帮助孩子更快地平静下来。我们在本书的最后一部分还将更详细地讨论这个问题。

我们在这里还想强调的是，保罗的妈妈对保罗加以关注，她用这种方法帮助了保罗。只有在妈妈的帮助下，保罗才能够比较快地平静下来。对1-4岁的孩子来说，他们大脑的自我调节功能在面对绝大部分的压力时是无能为力的，因此，这个年龄段的孩子需要通过外界可靠的帮助才能够摆脱怒气。外部调节是建立自我调节过程中最重要的辅助手段之一。

学会承受情感

像在保罗身上一样，如果大脑遭遇了情感危机，通常会进入一个被称为压力调节的过程。成年人会使用一些技巧，有效地让自己平静下来，比如他们可以劝说自己，或者深呼吸。可孩子不会这些，孩子虽然从母体中带来了一些基本的能力，能调节情感，放松心态，忍受产生的压力，但是绝大部分的自我压力调节技巧却是在生活中逐渐发展起来的，而且是通过父母或者其他有心人的帮助才习得的。

婴儿已经能够避开让人不舒服的刺激，或者在感觉轻微压力时通过吮吸大拇指来让自己获得平静。但是大部分情况都超出了他们的能力应对范围，因此他们开始哭泣。遇到这种情况，父母应该通过身体接触，包括尽可能地通过皮肤接触来进行外部调节。轻轻地摇动身体，友好地跟他们说话，都会帮助婴儿缓解压力。如果父母没有理解自己的孩子，没有试图满足孩子的需求，孩子就会哭得更厉害，甚至发脾气。如果此时家长仍然没有发出安抚的信号，比如家长决定不理睬哭泣的孩子，好让他学会自己睡觉，这最终会导致孩子进入一种近乎惊恐的状态，因为他的调节系统完全无法应对这种情况，压力会激发交感神经系统中的一个冲动，这个冲动会引起战斗或逃跑的反应。儿童因为身体发育还不成熟，无法自己摆脱这种状态，他们的大脑会陷入一种紧急的危机状态，并且引发急性应激反应。亲子关系研究者卡尔-海因茨·布理施描述过这种应激反应。婴儿会"非常突然地""转瞬间"一声不发，仿佛被冰冻起来了一样，他把这个瞬间称为"关闭"。按照布理施的观点，婴儿的大脑由于感知到疼痛、恐惧或惊慌关闭了。从外部来看，孩子给人的印象是情绪稳定，最多是有一点儿点儿僵硬，人们察觉不到他们害怕或是疼痛，但是孩子内心却承受着巨大的压力。孩子的大脑还有另外一种应对超大压力的方法，用布理施的话说，就是"把交感神经系统的巨大冲动反转过来"。战斗和逃跑系统的超强冲动会被转移到副交感神经系统中，这一系统负责放松和睡眠。婴儿在面对过大的压力时出现应激反应，会突然睡着。由此分离出来的感觉，比如恐惧和无助，会与经历过的情形的记忆（比如独自躺在床上）共同存储在边缘系统中，可能会在今后的生活中造成对相似情景的反感或过激反应，但是由于时间过去太久，大家已经无法找到这些反应的原因了。

孩子在1-4岁，正好处在自立阶段中，是学习控制压力的最关键时期。想要发展控制压力的技巧，孩子首先要有意识地认识到，某些情景是会造成压力的。而孩子的大脑要足够成熟，才能够形成这样的思路。孩子必须要认识各种各样的情况，包括能够引起恐惧或怒气的情况。在轻微的压力下，他们自己也许能够通过和最喜欢的泰迪熊亲热或离开应激源的办法，就能达到放松的目的。大声喊叫、跺脚、打人，也能够帮助他们缓解压力。家长如果在这个阶段总是避免让孩子接触危险、损失或者阻碍，使他体会不到伤心或发怒的感觉，也许就剥夺了他的机会，在今后的生活中孩子将无法应对强烈的情感。

还有一些家长让自己的孩子在压力情形下独自发怒，因为他们认为，他们的孩子必须学会自己控制情绪。但情况却事与愿违，恰恰在这个年龄段，大脑在面对无法抗拒的压力时只能用紧急应激反应的方式来应对。因此，家长在孩子发怒或遇到压力的情况下，给予关切的帮助仍然是十分重要的，就像孩子在婴儿期时一样。只有当孩子度过了自立期，通常是5岁以后，孩子才会发展出其他克服压力的办法，不再完全依赖外部的调节。在此之前，我们家长的任务是，努力在过度看护和不闻不问之间找到平衡。

学习体会别人的感受

不仅是家长的各种禁令会让孩子发怒，有时候不同的视角也会造成家长和孩子之间的冲突。施特凡（37岁）讲述了一个典型的场景：

我的女儿马蒂尔达2岁，她想跟我一起出去玩儿雪。我想帮她赶紧把衣服穿上，这样我们就能赶在其他人之前爬到小山顶上，坐雪橇滑下来。我帮她穿紧身裤和袜子，但是她却朝我发起脾气。马蒂尔达想把袜子以一种特殊的方式穿到紧身裤下边，但是我没有弄明白她具体想要怎么穿。我真是费了好半天的劲儿，但是每一次我都把袜子穿错。马蒂尔达越来越不耐烦，火气越来越大。我穿了几次之后，她突然大哭大叫着向后一仰，因为她当时坐在我的腿上，她的后脑勺儿正好碰着我的鼻子，我疼得大喊起来，眼泪都出来了，鼻子还滴着血。可她既不道歉，也不安慰我，而是继续朝我大喊大叫，我应该把袜子给她正确地穿上，而且要立刻、马上！我生气极了，也开始冲她喊起来："讨厌，我又不知道你是怎么想的！你还是自己穿袜子吧！"难道她没有看出来，她把我弄疼了吗？

在这种情况下，我们真是满怀爱意地认真对待孩子的愿望，然后呢，因为我们做得不够快，或者是没做对，还是被抱怨一番。在这种时刻，我们又会心生疑窦，是不是自己的教育方法有问题？不，我们的教育方法没错，因为在我们举的例子里，马蒂尔达的行为是完全和她的年龄相符的。她这个年龄的孩子不可能从爸爸的视角来看这件事，也不会体会到爸爸的疼痛。因为孩子还没有到认知发展中的一个关键年龄，孩子还不会转换视角，而且还没有足够的共情能力。

共情是指设身处地地体会别人的情感。具有良好共情能力的人会以适当的方式对他人的需求做出反应，也就是说，他可以认识到一个正在哭泣的人情绪不好，作为回应，他就会过去抚摸他、拥抱他。或者看到有人流鼻血，他就会递上一张纸巾。

但是想要产生共情反应，需要具备相应的认知和情感能力。按照美国心理学家费斯巴赫的观点，认知发展中不可或缺的是确认另外一个人感情状态的能力。这也就意味着，一个孩子必须有能力去辨别他人的肢体语言和面部表情，解读这些表情，并且把它们归类为某种情感。比如，伤心了会流眼泪，皱眉头表示愤怒，这些感情符号都能帮到他。但是孩子生下来的时候并不具备这些知识，他要借助自己的观察和别人的解释来习得，因此重要的是，家长要不断提醒孩子注意别人的表情和身体姿态，帮孩子解读这些表情和身体语言。我们可以借助绘本来做这件事，也可以在日常生活中随时来做。作为家长，我们也应该用真实的、不加掩饰的表情和身体语言来表达自己的情感。不要戴假面具，而是要做到真情流露，这样孩子就不会存储错误的信息。一个生气的父亲如果面带微笑，那他发出的就是一个错误的信号。

按照费斯巴赫的观点，共情反应的一个基本前提是从他人的角度来观察，即视角转换。这也就意味着，一个孩子必须能够认识到，别人并不总会知道他的想法。比如在木偶剧中，一条鳄鱼藏在小丑前面的灌木丛后头，只有当孩子明白小丑看不到鳄鱼，会被它吓一大跳，木偶剧才会变得有趣。如果孩子不能够从小丑的视角去看，那他就会感到奇怪，为什么他吓了一大跳，鳄鱼明摆着一直都在灌木丛后边啊。视角转换是认知方面的一个关键点，孩子大概在4岁，自立期将近结束的时候才能习得。这种能力的形成是我们从外部无法施加影响的。

按照费斯巴赫的观点，共情反应的另一个前提是有能力在情感上对其他人做出回应。比如一个孩子拥抱另一个哭泣的孩子并安慰他，这表明这个孩子已经具备了这种能力。有时候我们也可以通过提醒，训练孩子做出相应的友好举动，但这只是一种被认知引导的行为。想要达到真正的共情，孩子必须能够体会别人的情感，而这种情感他应该有过切身的体会。如果他不知道流鼻血或者鼻子疼是什么感觉，不知道在这种情况下应该怎么做才能够止疼或止血，他也就不会为别人提供共情的解决方案。

我们的孩子需要具备一整套的人类情感，而自立期是大自然赋予的经历、体会这些情感的最佳时期。作为家长，我们应该放手让孩子去认识所有的情感。孩子要健康成长，不仅需要美好的经历，也应该体会失败，感受到自然的限制，体会疼痛或者嫉妒。作为家长，我们的任务不是让孩子免受痛苦，而是对孩子的情感做出共情反应，给孩子以安慰。体验过别人的共情举动的人，在今后的人生中才能够主动地关心他人。

像其他所有的发展步骤一样，每个孩子共情能力的养成所需的时间可能不尽相同，同年龄的孩子可能表现出完全不同的共情能力，但是也有一些基本的规律可循。下面就是美国心理学家霍夫曼提出的发展模型：

0–1岁

处于这个阶段，他人身上不高兴的迹象也会在婴儿身上引起不高兴的反应，这是由于人有镜像神经元的缘故。比如，房间里有别的孩子哭起来，我们的宝贝也会跟着哭，他的感情与他人的感情是不加分辨地融合在一起的。跟着哭的孩子和开始哭的孩子感觉一样差，尽管他们本来没有要哭的原因。如果婴儿看到别人冲他微笑，他的镜像神经元也会活跃起来，他也会用微笑来回应对方，而且会感觉很快乐。出生后不久，婴儿就会模仿大人，如果成年人把舌头伸出来，他也会照着做。镜像的能力是发展共情能力的一个重要前提。

1–3岁

大约1岁的时候，孩子才会意识到他人是独立的人，是跟自己有区别的。他们逐渐开始做出共情反应，比如他们会给一个哭泣的孩子拿一件可以安慰他的东西。大约从2岁开始，他们会获得一种基本的感觉，其他人会有自己的想法和愿望，这些想法和愿望是跟他们无关的。但是他们还是很容易把自己的内心状态和别人的相混淆，这经常会导致冲突。比如看见另一个孩子往婴儿推车的方向跑，我们的孩子可能会愤怒地大喊起来，因为他想去玩儿婴儿推车。但是他的小伙伴只是经过婴儿车，目的是去玩儿积木，这一点他是不会想到的。

3—5岁

这个年龄段的孩子慢慢发展出了一种能力，可以感知到很明确地显露出来的基本情感。他们已经知道情感是可以变化的，他们可以感觉简单情形中情感的原因。他们可以区分计划好的情形和偶然发生的情形，比如另一个孩子是故意还是不小心撞了他。但他把结果看得比动机更重要，也就是说，即使是不小心撞了他，他也会很生那个人的气。

这时候共情能力开始发展，因为孩子已经能够采用他人的视角，并且明白他人在同一个情形中举动可能跟自己的不同，而且这是由于他们的信息、动机或者目标不同造成的。尽管视角转换这个关键点，孩子大概在4岁的时候就能达到，但是往往要到5岁生日的时候，孩子才能真正自觉地去运用这种能力。如果有人说孩子装疼，孩子回答说"你怎么能知道我是装的呢"，那就说明他们能主动地运用自己的视角转换能力了。

5—9岁

这个年龄段的孩子从不同视角看问题的能力越来越强了，可以比较准确地判断别人的想法、意图和感觉。他们明白自己是别人感知的对象，这使他们有能力去换位思考——"我感觉，你觉得我不喜欢你"。他们指责别人的时候，也是越来越经常地基于某个行为的动机。如果别的孩子有意推搡他，他才会生气，如果是不小心发生的，他就不会生气。

这时候孩子已经能够理解复杂的感情，比如羞耻，或者同时发生的、有时相互矛盾的感情。比如，孩子上完了游泳课，一方面很伤心，因为没有拿到游泳证，同时又松了口气，总算不用再克服怕水的感觉跳到水里去了。他们能够越来越好地从外部观察自己的行为，思考自己的行为对别人产生的影响。我们经常能看到家长吓唬自己还在上幼儿园的孩子："如果你们还那么淘气，就没人想跟你玩儿或跟你做朋友了。"这种教育性的警告对幼儿园阶段的孩子来说是没有意义的，因为这么大的孩子还不能够反思他们的行为在别人身上会造成何种影响。

9-12岁

在这个年龄段，孩子的共情会扩展到整个人类群体。当他们看到非洲饥民的生活状况或者是冬天挨饿受冻的无家可归者，他们会很希望能够帮助他们。

说到这里，大概我们能明白，前面例子中2岁的马蒂尔达根本就不能产生共情反应，她还没有能力从爸爸的视角来观察当时的情形。她虽然看到爸爸哭了并且很疼，但是却没有能力认识到爸爸哭是因为她，也不能够对爸爸的疼痛感同身受，无法理解爸爸的内心。

也许我们就能明白，为什么要求一个不到4岁的孩子去赔礼道歉是没什么用的。因为孩子不能从他人的视角来看问题，也就不明白他给别人造成了伤害，所以他即使道了歉也只是一句空话，不可能有真正的悔意。所以给孩子演示什么时候应该道歉，可能是更好的做法。作为家长，在必要的时候替孩子跟别人道歉，孩子就会把家长的行为自动地加以接受，并在认知能力发展之后，赋予"对不起"这个词真正的含义。

我们再回头看看前面的例子。对马蒂尔达来说，赔礼道歉是不重要的，重要的是他爸爸仍然没有办法将她的袜子穿"对"。这在很大程度上当然是因为她还没有视角转换的能力。2岁的马蒂尔达不可能明白，她爸爸其实无法看到她的想法，因此也不知道她到底想把袜子穿成什么样。她脑子里对怎么穿袜子有很清楚的设想，她就以为爸爸也知道应该怎么穿。没有视角转换的能力，她就不会明白，关于穿袜子，她爸爸的知识前提跟她的是不一样的。她想当然地以为，爸爸故意一次又一次地把袜子穿错，也许就是为了气她，这让她怒火中烧，最终大发雷霆。

控制强烈的情绪

能够采用别人的视角，不仅可以避免误会，而且也是一个基本的控制自己冲动的前提。因为只有当我们能够预见到对方会对我们的行为做出何种反应，我们才能够权衡一下，到底是应该克制我们的冲动（比如打人的冲动），还是听任我们的冲动。由于4岁以下的孩子无法进行视角转换，因此他们控制冲动自然也就很难。伊内丝（30岁）描绘了她家的一个典型情况：

我的女儿玛拉快3岁了，她的弟弟埃米尔最近学会了在家里爬来爬去。他发现姐姐有很多好玩儿的东西，从那以后我就没有安宁日子了。我得时刻保护埃米尔不受他姐姐的袭击，因为只要他去拿玛拉的东西，玛拉就会马上大发雷霆，劈头盖脸地打他。今天又出现了一次这种情况。我忍不住朝玛拉大喊大叫，因为这种情况最近经常发生："玛拉，我已经跟你说过多少次了，如果埃米尔拿你的东西，你应该喊我来，我帮你把东西要回来，你不应该打他！打人是禁止的！"玛拉什么时候才能学会啊！我跟她说的时候，她虽然明白了似的点头，但一转眼，我刚进厨房，埃米尔就又哭喊起来。他拿着玛拉的毛绒玩具不想撒手，玛拉就咬了他。我真的都绝望了！

对于幼童来说，思考和行动几乎经常是同时的。他们会出于愤怒向好朋友吐口水，由于沮丧把刚搭好的积木塔推翻，或者在一条繁忙的大街上突然甩开父母的手，因为看到奶奶在马路对面等着。之所以会出现这些情况，主要是因为前额叶还没有发育完全，位于前额后边眼眶上方的脑细胞网络是我们内部的控制机制，它会在棘手的情况下把控局面。

如果一个人受到某种威胁，他的大脑中会飞快地执行一个复杂的、自动的程序来评估当前的情况。首先，大脑中的多个恐惧中心会被激活，如果我们不是进化得很高级的动物，我们就会马上以攻击的方式对威胁做出回应，比如感受到疼痛的毒蛇会张口就咬。对人来说，反击的冲动却需要通过一个神经控制机制，那就是前额叶。这个控制机制让我们决定，以攻击方式做出回应会让威胁终止，还是会让我们受到更大的威胁。它让我们做出决定——这真的是一个高难度的社会行为——我们用攻击来回应受到的威胁是否得当。我们不仅仅考虑自己会受到何种损失，而且会考虑对方会受到多严重的损失。根据这些估计的结果，我们会把握自己的攻击性冲动。我们或者奋力反击，或是中等力度反击，或是稍稍用力反击，或者根本就不反击。想要做出正确的估计，就需要在前额叶中储存了相应的信息。比如，如果我们打对方，他会有什么样的感觉，打人会有什么可能的后果，等等。

这也就解释了，为什么刚刚3岁的玛拉在面对埃米尔的时候通常不能压制她打人的冲动。小弟弟拿她的玩具对她来说就是发出了攻击信号。玛拉生气了，感觉自己有一种冲动，想把这股怒气发泄出去。这时，这个冲动在玛拉的大脑里要经过神经控制机制，但是由于她年龄还小，大脑还缺少相应的前提条件来叫停或是减轻这一冲动。另外，由于她还没有能力进行视角转换，因此她既不能预感，也不能设身处地地想象，如果打弟弟，弟弟会出现什么情况；另外，对于打人的后果她的大脑里边也没有存储多少相应的经验。也就是说，玛拉的前额叶还不能够良好运转，并相应地平息打人的冲动。所以她马上开始，并且毫无顾忌地打弟弟。

孩子到了大概6岁才有能力比较可靠地控制自己的冲动行为，但是从3岁开始，孩子能够并且应该练习着去驾驭他的冲动。这时孩子肯定经常失败，可是家长应该不断地敦促孩子这样做。当然，家长应该避免在压力情况下这样要求孩子，要看看孩子的基本需求是不是得到了满足。孩子如果有饥饿、困倦、憋尿、急需亲人抚慰等情况，就先不要对孩子提出这些要求。

在日常生活中，经常有一些情况可以让孩子练习一下推迟满足他的需求。比如一个还放在购物车里的香蕉，必须要先交了钱才能吃；爸爸还没有洗漱完，孩子就应该等一下，然后再让爸爸讲故事；妈妈回到家，应该先等妈妈把鞋脱下来，然后再让妈妈抱抱。

家长如果在孩子2岁之后还急于去满足孩子的需求，这样做不仅是无意义的，甚至是有害的，因为大脑需要通过练习才能控制冲动。对于前额叶来说，原则就是"用进废退"。一个人如果在童年时期从来不需要等待，不需要延迟满足他的需求，从来没有受过这种训练，那他在成年之后也很难把持自己。

不管是孩子还是成年人，都需要控制冲动，这一点很容易理解。那些先思考然后才动手，或者是先思考在此处过马路是不是合适再迈开步子的人，不仅更长命，而且在社会中也很少受到挫折。不仅如此，20世纪60年代，美国心理学家瓦尔特·米歇尔曾经做了一个关于4岁孩子的自制力的实验，结果显示，那些能够很好地控制冲动的孩子，后来在生活中也比其他孩子更成功。实验时孩子被单独领往一个房间，坐在一张桌子边上，桌子上放着一块儿棉花糖。孩子们被告知，他们可以吃这块儿棉花糖，但是如果他们能等到主持人回来了再吃，他们就可以再得到一块儿棉花糖。一些孩子选择了等待，另外一些选择了马上把棉花糖吃掉。20世纪80年代，这位学者又重新调查了那些孩子，并且得出结论：孩子在当年的实验中等待的时间越长，他们长大后在社会领域中的能力越强。他们能更好地应对沮丧和压力，能更好地抵御诱惑，甚至学习能力更强，而且这完全与他们的智力无关。而那些马上把糖吃掉的孩子，在他们的老师和家长看来，比起那些等待的孩子，感情更不稳定、更多变，不够坚定。看起来，接受奖励延迟的能力不仅是衡量意志力强弱的一个标准，也是决定人生能否成功的一个因素。

　　2012年，研究认知的学者切尔斯特·基德把原来的实验又加了一部分内容，因为她想搞清楚，控制冲动的能力是天生的还是后天习得的。参加实验的是3-5岁的孩子，他们得到几支彩笔用来画画儿，他们可以马上使用这些彩笔，但是主持人也告诉他们，如果他们能等两分钟，将得到更多的彩笔。在实验的第二部分里，他们拿到了一些贴画，同样，他们可以自己决定，是马上使用这些贴画，还是等待得到一些更好的、更多的贴画。孩子们被分成两组，在第一组里，主持人真的按照约定的时间回来了，并且带来了许诺给孩子们的东西；在第二组里，虽然主持人也在约定的时间回来了，但是却带给了孩子们一个让他们失望的信息：彩笔或者贴画用完了，孩子们只能使用他们一开始得到的东西。在实验的最后一部分中，所有的孩子都得到一块儿棉花糖，他们可以选择等待，直到主持人再回来，带来第二块儿棉花糖，或者马上把第一块儿吃掉。实验结果在人预料之中，在"不靠谱"的主持人那一组里，棉花糖在平均三分钟之后就被吃掉了，十四个孩子中只有一个等到了十五分钟；在靠谱的主持人那一组里，等待时间达到了平均十二分钟，十四个孩子中有九个等满了一刻钟。在20世纪60年代进行的棉花糖实验中，孩子的平均等待时间只有六分钟。如果想到这一点，大家就会明白，一个可靠的环境可以使孩子推迟需求满足的能力加倍，而一个不可靠的环境可以使他们的能力减半。如果孩子可以确定，他们最终会受到奖赏，那他们就能更好地控制自己的冲动。这一点对父母来说也很重要，如果我们许下的诺言经常无法实现，那我们的孩子就不会去努力延迟他们的需求。

最后我们再关注一下玛拉和她的妈妈。我们大家应该明白了，一个经常打人或者咬人的孩子，并不是因为他们喜欢让别人痛苦才这么做，而是因为他们无法控制自己的冲动。这对他周围的人来说当然是个挑战，尤其对父母来说，他们必须一直盯人防守，以防止袭击事件的发生。玛拉的妈妈不得不一直待在孩子的身边保护小埃米尔。同时，妈妈也应该在日常生活中不断给玛拉机会，让她学会等待和克制自己。玛拉冲动性的攻击行为并不一定意味着她喜欢使用暴力，在家经常挨打，或者以后也会成为一个爱打人的人。突发的打人、咬人或吐口水的举动是儿童生活中完全正常的一部分，不应该把它看成是病理现象。因此我们认为，因为冲动性的行为就去教训孩子，或者惩罚他们，这些做法都不会达到教育的目的。只有当前额叶完全成熟，控制冲动才有可能。这是一个神经的发展步骤，就像视角转换一样，每个孩子都必须经历。让我们给孩子时间，等他们成长起来，然后我们再开始教育他们。

理解"不"和"别"

我们前面讲到的冲动控制和一个人的沟通能力是密切相关的。孩子说话的能力越强,他就越能防止自己由于冲动而去打人,因为他会使用跟自己对话的方法,这种方法也被称为语言调解。如果姐姐看到弟弟经常拿自己的玩具,她可以自我安慰地自言自语:"保持冷静,玛拉!他并没有恶意,他还是个孩子,他什么都不懂……"要想完成这样的举动,孩子的沟通能力应该已经得到了很好的发展,而这在自立期的前三分之一时间内是不会发生的。1-3岁孩子的语言能力虽然发展神速,但是在这一过程中难免经常会产生误会。大家对此不必感到吃惊,因为没有人真正去教我们的孩子说母语,孩子的大脑实际上是在不经意间接受了母语。我们跟孩子说话时,孩子会解析那些词的意思,他会毫发不爽地记录下来,我们是在什么样的语境中、在什么行为下使用这些词。这种方法特别棒,但是也容易出错。萨比娜(29岁)和斯文(37岁)夫妇描述了他们与1岁儿子之间出现的交流障碍:

我没想到这么早就开始了,但确实,汉斯14个月的时候就开始叛逆了!

孩子的怒气

我们不想让他去摸插座或者电视,我们觉得这太危险了。他去摸插座的时候,我们就大喊:"不行!"通常情况下他会停下来,看我们一眼,这时我们当然就会冲他摇头,并且对他说,他不应该去摸插座。而他怎么办呢?直直地盯着我们的眼睛,再次伸手去摸,好像要告诉我们:"我想干什么就干什么。"这真让我生气。这时候我们就会教训他,因为他没有听我们的话,然后把他抱开。可他马上痛哭流涕,好像我们冤枉了他。有时候他也会发起怒来,在我们的怀里又踢又踹。我真不明白他为什么会生气,我们说"不行"的时候,他只需要停下来,我们对他就这点儿要求。

对于一个正在学说话的孩子来说,"不"这个词只是许多词中的一个。家长在某种情况下要警告孩子的时候,不管大声说"不"还是"花",或者"太阳",对孩子的耳朵来说都是一样的。孩子都会先停下来,朝喊的人看一眼,因为音调听起来像是一个警告,这一点大脑从出生开始就能够明白。但是"不"这个词的意思对孩子来说却不很清楚,他需要通过整个沟通的语境来学习这个词的含义,其他词也一样。

在几乎所有的家庭里,这种情况都是一样的。孩子在家里爬来爬去,或者跑来跑去,发现了一个令他好奇的插座、连着电视机的有趣的电线,或者火热的烤箱闪着美丽的光。孩子想去摸摸他好奇的对象,于是伸出手,听见了一声大喊"不",他吃惊地把手缩回来,惊讶地看看父母。他问自己,他们为什么大喊大叫。如果家长想要孩子理解"不"表示禁止,那家长就应该紧接着做一个解释性的动作。爸爸应该马上走过去,把孩子从充满诱惑的插座那儿抱开，然后解释说："我说了'不'，你马上就停下来了！"并且朝孩子点点头，肯定他的行为。这样在孩子的大脑中就会产生一个相应的链接，那个还不知道意思的字"不"，与离开某个东西以及爸爸友好的表示之间建立了联系。

渐渐地，孩子从不断重复的情景中开始明白，"不"这个字大概意思是应该停下来某个行为，而这会让他的爸爸妈妈高兴。这样，孩子成功地解码了这个字，同时也掌握了这个字使用时的行动方针。

把孩子从危险的物体旁边抱走，这一点特别重要，否则孩子因为缺乏对冲动的控制能力，肯定会再去抓电线。因为他太好奇了，他一定会受到好奇心的驱使。在他停下来时，只说一声"不"并高兴地点点头，是不够的。父母必须帮着孩子脱离这种诱人的情境，才能让孩子摆脱诱惑，不再去抓电线。

但是在汉斯家里，家长却没有这么做，因为萨比娜和斯文以为，他们的孩子已经明白"不"是什么意思。汉斯去抓插座上的电线，家长喊"不"，他一开始把手缩了回去，并感兴趣地看着家长，因为随后并没有发生其他事情，他就再次去抓电线。萨比娜和斯文重复了他们的"不"，也许汉斯会再次把手收回来，但他并不知道自己应该怎么做。他没有从家长那儿得到确切的行动指南，因为家长没有告诉他应该怎么做。

这时候家长采取了行动，他们因为孩子不听话而生气，把他抱走并责备他。这时候，对于孩子来说，情况的重点发生了转移。汉斯的大脑首先记录下来的不是离开危险的源头，而是责备，因为父母的音量让他感觉很不舒服。

就这样，在孩子的大脑中形成了"不"这个字和父母大声说话之间的联系，但是这个字的意义对他来说仍然不清楚。另外父母的反应让他感到不舒服，所以他哭了起来。显然，他觉得被抱走也是十分不公正的做法，因此就发起怒来，连踢带踹，因为他还不能认识到，父母是要保护他免遭伤害。

一个婴儿或者幼童，一开始并不知道"不"的确切含义是什么。如果父母一直说"不"，然后等着孩子按照家长的意愿去做，孩子只能领会到：如果我摸这儿，爸爸就会大声说一句话——这可真有意思。我再摸一次——哈，又是这句话！孩子虽然了解了起因和结果之间的联系，但是他并不明白"不"表示他应该停下来做某件事，因此，他会一再地去寻找"不"这个词出现的情况，想要通过尝试和误会来解码这个词。而父母的行为无意中正好达到了相反的效果。比起那些说"不"之后马上采取解释行动的家长，汉斯的父母不得不说更多的"不"。

而这最终导致的结果是，"不"作为一个信号词语的功能减弱了。如果一个幼童不断地听到这个词，就会产生习惯性效果，大脑会把这个词归入不重要的级别而忽略它，最终孩子将对"不"充耳不闻。因此在孩子刚出生的头几年中，家长应该尽量把家里的环境布置得安全，让他们可以没有危险地到处探索和抚摸。我们还应该尽量少说"不"这个词，孩子应该在"是"的环境中长大。我们应该把危险的或者易碎的东西放在孩子不易触及的地方，这样比每天都与天生好奇的孩子纠缠不休要好得多。什么时候应当说"不"，而且说"不"很重要，我们在本书的第六章中会详细谈到。

今天大部分的家长都已经知道，孩子需要亲自去尝试，才能够理解生活。因此，家长也都试着给孩子提供比较多的探索空间。但是有一些事情孩子确实不应该做，比如那些危险的事情，或者会伤害别人的事情。如果一个孩子多次忽视家长的警告，就连最有耐心的家长也会发怒，毕竟我们有更多的生活经验，因此知道摸炉灶会被烫伤，往厕所里乱扔东西会造成堵塞。

萨比娜（43岁）和她的女儿之间就产生了这个问题。这个1岁的小姑娘好像专门跟她作对，非要尝试妈妈警告她不要做的事：

> 伊达的行为太不可思议了，我不让她做什么，这个"小犟头"却非要做什么，简直受不了了！我说别把布娃娃扔到厕所里，而她怎么办呢？顺手就把布娃娃扔进去了。我说别翻垃圾桶，她马上走过去，把垃圾倒出来。如果我跟她说别摸炉灶，那我肯定得赶紧去拿冷敷袋，因为她肯定会马上试一下，看看灶是不是很烫。她现在才1岁，这什么时候是个头啊！她根本就不听我的话。

如果大自然能让孩子盲目地信任我们成年人，并且真的远离那些危险的事情，那该多好啊！大家是不是都这么想？大自然其实也是这么做的。通常情况下，父母提醒孩子哪些东西有"危险"，孩子也会出于本能地对其敬而远之。但是今天的父母给孩子设置了不必要的障碍，让他们无法把大人的警告记在心里。

让我们拿萨比娜和她的女儿做例子。萨比娜警告伊达"别去炉灶那儿，它很烫"，我们成年人马上就明白这句话是什么意思。如果一个朋友这么警告我们，我们估计也会远离炉灶。但孩子却不会这样做，因为他的大脑还没有学会加工句子里"别"这个词。孩子天生具有一种能力，可以把句子中的名词和强调的动词过滤出来。"别"这个词虽然被耳朵听见了，但是在大脑里会被当成不重要的信息而过滤掉。随着时间推移，大约在2岁之后，大脑的语言中枢才慢慢学会，"别"这个词是一个重要的补充信息，必须对其进行进一步的加工。也就是说，如果家长告诉一个像伊达一样大的孩子，让他别去炉子那儿，孩子的大脑是无法加工"别"这个词的。这个词被过滤掉，剩下的只有"去炉子"，然后孩子就这么做了。同样，"别翻垃圾桶"这句话在没有发育成熟的语言中枢里也会被加工成"翻垃圾桶"，"别拽电线"会变成"拽电线"。对大脑造成的这种所谓的"错误"，孩子是无法负责的，因为这是大脑拥有的一种很聪明的超级功能，可以避免遭受过多印象冲击。大脑会把不重要的东西过滤掉，把注意力集中到重要的东西上。孩子翻垃圾桶、拽电线，是因为他们以为，我们告诉他们要这样做。而我们做父母的却发起怒来，因为我们认为孩子是故意不听话，故意气我们。我们经常会重复一些话，会跟孩子说："别去那儿！"但我们并不知道，"别"这个词又被过滤掉了。对孩子来说，他再次接收到了一句肯定的话"去那儿"。而且他会很惊讶地发现，父母居然生气了。因为孩子还无法转换视角，因此他根本不会把父母的怒气关联到自己和自己的行为上，因此也根本不会明白，他的行为是引发父母怒气的原因。他会没心没肺地继续做他的事情，而父母就会更加火冒三丈，以为孩子是故意的，其实孩子根本就没有这样的想法。

这样的误会会形成一个怪圈，让事情越来越糟。因为1-3岁的孩子正处于积累感情经验的时期，他们会对父母发怒的面孔倍加关注。就像我们刚才解释的一样，他们并不明白这股怒气是指向自己的，因此会完全不为所动。但他们天生就很好奇，想要弄懂情感、表情和身体姿态以及它们之间的联系，因此他们会把父母表现出某种情感的情景一再重复制造出来，以期通过这些实验来体验人的情感并对其加以分类。

当然，我们还是有可能摆脱这种怪圈的。就像我们提到的一样，孩子天生会对亲人发出的警告加以关注，我们大人只是忘了怎样以孩子可以理解的方式发出这些警告。其实这很简单，我们只需要把"别"这个词尽可能抛开。

比如，萨比娜说"别去炉灶那儿，它很烫"，如果改成"离灶台远远的，它很烫"，伊达就会更容易理解。如果萨比娜把"别翻垃圾桶"改成"让垃圾待在桶里"，把"别拽电线"改成"放下电线"，伊达就更容易明白她的意思。同样，我们不说"别把杯子摔了"，而是说"把杯子拿好"，孩子就更容易明白。这些明确的表达，孩子能够立刻理解、加工，也一定会照做。

即使对于大一点儿的孩子，甚至已经到了入学年龄的孩子，这些明确的表达对我们父母很有帮助，也会给孩子安全感。要把否定句变成充满力量的肯定句，家长需要一些练习。一旦习惯扭转过来，肯定句就会自然而然地脱口而出。如果情急之下一时想不出怎么说，我们也可以先说"停下，这很危险"，或者"停下，这是禁止的"，孩子会停下来，我们就可以走过去，友好地将他们带离危险环境，并且用另外一件有趣的事情转移他们的注意力。事后家长可以安安静静地思考一下，下次再遇到同样的情况应该怎么说，才能让自己的话有力又有效。

将咬人作为沟通的方式

孩子很早就能听懂我们的意思,但是他们自己说话,尤其是用语言来清楚表达他们的意思,却要晚得多。在他们协调身体的许多发音器官,说出一句明明白白的话之前,他们的大脑里已经储存了一大堆的词语、不同音调和感情色彩。在1-2岁,有时候也会早一点儿,孩子的运动机能发育成熟,使他们能够开始说一些话,或做一些手势,从这时候起,他们才开始主动地表达他们的想法、愿望、厌恶或者恐惧。但是他们的表达方式不一定都符合社会认可的标准。我们来看看卡罗拉(23岁)和她的儿子雅可布的故事:

雅可布3岁了。按照医生的说法,他是那种说话晚的孩子,而且医生发现,他的听力不太好,这大概也是他还没有开口说话的原因。医生最近会给他做一次耳部手术。让我们真正发愁的是,雅可布特别爱咬人。我们俩亲热的时候,或者他感到高兴的时候,他也会咬我。他还咬幼儿园的其他孩子。他为什么这么做,我不太清楚。有时候是因为别的孩子把他的东西拿走了,但是幼儿园的老师也说,有时候没有什么情况他也咬人。他会朝一个正在玩耍的小孩走过去，二话不说就咬人家的头或者肩膀。我每天去接他的时候都紧张得要命，害怕又出事，我又得替他向其他孩子和家长赔礼道歉。我当然跟他谈过，但是他一如既往，我完全绝望了，真不知道应该怎么办。

如果孩子遇到的某种情况超出了他们的沟通能力，他们就会自动启用非语言的方式来表达自己的感受或者愿望。咬人、打人、掐人、推搡或者吐口水，都是他们可能使用的表达方式。另外，这些超出孩子能力的情况往往跟特别强烈的情感，比如愤怒，相伴出现。我们上文已经提到，在这种情况下情感脑会把认知脑的语言中枢关闭，即使那些平时已经能很好地表达自己的孩子，在这样的时刻也会不知道说什么好。他们说不出来自己需要什么，或者想要什么。

孩子和我们大人不同，他们还没有成熟的冲动控制能力。如果在某种情况下孩子用语言不能充分表达自己，他们就会用咬人、掐人或者打人来做出"回答"。我们在这里以咬人为例，但是这里的结论也适用于其他攻击性的行为。

如果一个孩子咬别人，他总有一个——至少对他自己来说——可以理解的原因。咬人经常发生在防御情形中，比如，有人把孩子的东西拿走了，孩子就会咬他。有时候别人太过于接近这个孩子，侵犯了他个人的安全领域，孩子也可能咬人。偶尔孩子也会出于爱和激动咬自己的父母或兄弟姐妹。不管怎么说，大部分情况下咬人都是一种与他人沟通的尝试，只是这种方式不为社会所接受。

3岁的雅可布几乎在上面提到的所有语境中都采用咬人的方式,尤其是他咬人总是突如其来。比如,他朝另外一个孩子走过去,好像毫无理由地就咬人家的头或者肩膀,而这种做法被他的妈妈,估计也被幼儿园里其他家长看成是恶意的。很可惜,成年人对情况的判断又是错的。雅可布想跟其他孩子对话,只是采用了这种不受欢迎的方式。如果他去找一个正在玩儿木头火车的孩子,二话不说就咬他的胳膊,其实他是想问:"我可以一起玩儿吗?"也许他还想说:"我想玩儿这个木头火车,把它给我。"

咬其他孩子,这种行为当然不会得到积极的评价,因此,这种沟通的尝试一开始就注定会失败。大家不明白雅可布的想法,他也不会找到愿意跟他玩儿的孩子。对雅可布来说,这让他特别伤心沮丧,但是这种沟通上的问题是可以解决的。如果看到咬人的孩子朝另一个拿玩具的孩子走过去,他的家长或者老师应该马上到他身边去,并且跟他说:"你想跟蒂姆一起玩儿木头火车吗?注意,你要好好跟蒂姆说。"然后成年人应该替雅可布跟另外那个孩子对话:"雅可布能跟你一起玩儿吗?这些火车看起来真好玩儿。"这样,雅可布就能够在学习语言的同时,也学会与他人建立联系的正确方式。成年人紧跟在孩子身边,可以预防他去伤害别的孩子。尽管我们理解咬人的孩子,但是我们也应该牢记一条基本准则:虽然孩子还没有更好的表达方式,但也不是说大家都该被他咬。重要的是,我们不要给咬人的孩子贴上恶意的标签。气急败坏的家长经常会以为,咬人的孩子是故意的,要承担责任。这种想法当然不对。这些孩子只是暂时需要更多的关注,直到他们学会很好的表达为止。

出于愤怒咬人

孩子咬人，如果是因为另一个孩子要拿他的东西，那就主要是由于愤怒才发生这种事情。孩子或者是不能用语言表达，想继续玩儿这个玩具，或者是由于怒气冲天、一时冲动才去咬人。遇到这种情况，家长可以教孩子大声说"停"或"不"，最好还能加上停止的手势。但是家长也不能太指望孩子在面对压力时，肯定会选择使用这种行为方式，因为这时候他们的冲动仍然很强烈。因此，在遇到不是那么棘手的情况时，家长要及时提醒孩子练习一下，用其他方式来代替咬人。

像卡罗拉一样，很多家长都会阻止他们的孩子咬人，他们会一遍一遍地跟孩子讲，咬人会让别人疼。他们希望这种解释有一天会被孩子接受，等他们认识到这一点，就会停止咬人。事实却是，这么小的孩子并不能真正地想象被咬的孩子是什么感觉，因为就像我们已经描述过的那样，他还没有能力去设身处地地为别人着想，通过别人的视角考虑问题。因此，成年人使用的这种方法并不会有效，更好的方法是指给孩子看，怎么样能把咬人的冲动转化为另外一种能消除沮丧情绪的做法，既没有危险也不会伤害别人。比如，击打沙袋、冲着减压抱枕大喊大叫、使劲儿跺脚、摔门、深呼吸三次、数到十、绕着房子跑几圈，或者踢足球射门，或者小声地对自己说"镇静，镇静"，或者有目的地离开让他感到压力的情形。

孩子越小，接受这些可能的行为方式越难，这是因为那些原始的表达方式从一开始就已经存在于人的大脑之中，这一点来源于我们的动物性起源。

而被社会所接受的其他行为方式（比如让自己平静的方法）则要通过艰苦的努力才能习得，而且在大脑中还要建立新的神经通路才能做到这一点。我们可以想象一下，神经通路像是孩子体内的街道，原始的表达方式就好比主干道，而其他的就像小巷。要想让狭窄的小巷变成快速路，就要经常在上面行驶，也就是说，应该尽可能经常练习。只有这样，孩子才能够可靠地运用其他让自己平静的手段，而不必去咬人。从时间上看，这种能力的出现大约要到入学的年龄。

咬自己

有些孩子在发怒的时候会咬自己的胳膊，或者拿头撞地，使自己疼痛。在外人看来这很可怕，但是通常情况下都不会出什么问题，因为人类的身体具有优秀的自我保护能力。孩子决不会把自己咬得太重，或者把头撞得太厉害，即使事后能看见深深的牙印，或者是头上起了大包。这种形式的自我伤害是试图通过运动的方式来发泄怒气，但是这种方法并不怎么好。作为家长，我们可以让孩子尝试其他做法，比如让他咬减压枕头，并不需要进行其他特别的干预。

爱之咬

孩子也会在美好的瞬间咬人，就像雅可布的妈妈讲的，在他们两个亲昵的时候雅可布也咬过她。这时候咬人的举动也是一种不知所措的沟通尝试,通常在这种情况下,孩子感到特别幸福,内心充盈着爱意,身体需要一个发泄的行为才能承受住这种美好感觉的强度。大脑发送给颌骨一个冲动,颌骨就咬在了一起,这样,身体内部的紧张就成功地得到了发泄,因此人们把这种咬人的行为也称为"爱之咬",翻译过来大概是:"我是这么爱你,我都受不了!"

认清了这种行为的原因之后,我们再看看家长的反应:孩子在以自己的方式表达"我爱你"的时候,家长大部分情况下表现的是一种强烈的拒绝态度。大部分人会大叫一声,愤怒地大喊"不",还把孩子从怀里推开。这种反应完全可以理解,因为即使是"爱之咬"也会很疼。但是这种反应并不会达到目的,在最严重的情况下,这种反应还会加强咬人的行为。因为孩子在这个年龄的主要学习内容是"起因—结果"。也就是说,一个幼童咬了他的家长,而家长大喊"不"或者"哎哟",孩子就会记住,当他咬人的时候,会发生一些有趣的、新鲜的事情,或者有人会大声喊叫。他就会学到,他咬人(起因)会引起家长的喊叫(结果)。就像我们经常看到的,孩子在这个阶段可能每天都会把盘子从桌子上推下来好多次,就是为了看看它是不是往下掉,是不是又发出那么大的声音。孩子会更频繁地咬他的父母,来看看他们是不是每次都做出这么强烈的反应。孩子只会察觉到,通过咬人能够产生一个有趣的情形,但孩子不会知道他把别人弄疼了。

要想摆脱这个怪圈,雅可布的妈妈在被咬时应该尽量不大声喊。这当然是说起来容易做起来难。这一点我们很清楚,而且在本书中我们一再强调,面对孩子时,家长应该用真实的感情、原本的表情和姿势来做出反应。孩子的大脑应该通过家长的反应来理解情境,并且把他的行为引起他人的反应存储起来。但是在孩子咬人的时候却不是这样。这时候家长应该尽量用轻描淡写的表情和声音来做出回应,而不应该不加掩饰地大喊大叫。

为什么我们建议使用这种方法?答案在于,孩子的前额叶还没有成熟。大约1-3岁这个年龄的孩子会用咬人作为沟通的方式,这时候孩子大脑的主要工作是收集和解析面部表情以及理解"起因—结果"原则。孩子前额叶的神经通路还不能完美地发挥作用,以存储成年人原本的反应。这时候大人如果大喊大叫,甚至责备孩子,那他们正在交流的浓浓爱意不仅会付诸东流,甚至还会导致咬人次数增加,因为孩子的大脑会觉得整个过程中的起因和结果很有意思,这恐怕是家长不愿意看到的。

这时候雅可布的妈妈应该尽量平静地让孩子明白:"你咬我,我很疼,雅可布,请停下来。"我们建议家长这时候应该很认真地看着孩子,但是不应该对他充满了责备,因为孩子在这种情况下确实无能为力,不能控制自己的冲动。这时候妈妈应该建议孩子采取其他的行动:"你看,你可以紧紧地拥抱我,越紧越好,这样我特别喜欢。"这样,喜悦的情绪就会通过他胳膊上肌肉的用力得到发泄。当然雅可布的妈妈一定要注意保护自己,当她搂着儿子亲热的时候,一定要确保自己不会被咬到,或者当孩子想咬她的时候,给孩子提供一个其他的可能性(比如可以咬她的T恤衫)。总的来说,家长要表现得好像咬人这种事不值一提。尽管这样做很难,但是当孩子看到家长没有做出反应,他的这种不合时宜的举动就会更快地停下来,因为他发现在起因之后没有引起结果。

最后我们总结一下，像雅可布这样的幼童，他们的语言能力大多情况下还没有得到足够的发展，在与周围的人进行沟通时难免会产生误会。就像他们要学习走路不被绊倒、吃饭不弄撒一样，他们也需要时间和机会来学习解码语言和使用语言。这时候，如果他们犯错，家长最好不要责备他们，就像1岁的孩子走路摔倒了，家长也不会去责备他们一样。面对我们上面讲的这种不成功的沟通尝试，我们应该尽量做出从容的、充满理解的反应。最重要的是，我们要牢记，这个年龄的孩子决不会有意去做坏事让家长生气，因为他们还没有能力去体会家长的想法。他们犯错，是因为他们还需要学习。他们必须先正确地认识世界和周围的人，并找到自己的位置，这些都需要通过观察、模仿、尝试和误会才能完成。大自然已经赋予了他们获得各种能力的力量，从学习能力来讲，孩子个个都是神童。他们来到世界上的时候并没有带着现成的思维模式，以及对人际关系的足够理解。这一切他们都必须通过学习来获得。因此，他们需要时间及友好的环境。在人生的头几年中，这个环境最主要的组成部分就是家长、兄弟姐妹，还有很少的几个亲友，而这些重要的人物面对孩子无意的错误和误解并不总能做出不愠不怒的反应。为什么会出现这种情况？成年人也许更应该做出一些改变，这是我们在下面几章要讨论的内容。

家长的怒气

在不少情况下,家长会一再发怒,甚至有时候,我们根本就不想发怒,但还是按捺不住自己的情绪。尽管我们对孩子的爱超出一切,但是有的时候我们却无法做出充满爱意的反应。

内心里的孩子被唤醒了

在不少情况下,家长会一再发怒,甚至有时候,我们根本就不想发怒,但还是按捺不住自己的情绪。尽管我们对孩子的爱超出一切,但是有的时候我们却无法做出充满爱意的反应。怒气就像一场大火突然袭来,只要给它打开了方便之门,这场大火就会毫无顾忌地席卷一切,直到把所有东西都烧成灰烬才会平息下来。这并不是说,这场怒火会让我们去打自己的孩子,但是我们会音调变高,不假思索说出的话也会让我们事后后悔不已。我们常常感觉自己被怒气攫住了,无力无助,好像怒气完全不受束缚,它引发的言语和行为我们也无力控制,我们充满爱意的自我本来是想毫无条件地接受孩子的方方面面,但我们的所作所为违反了自己的本心。为什么会发生这种事呢?

家长应该明白,这股常常突然出现在自己身上不可驾驭的怒火虽然是孩子引发的,但是孩子并不是引发这股怒火的真正原因。真正的原因往往是——即使不全是——我们自己在童年时自我价值曾受到伤害。这些伤害后来被压抑了,或者遗忘了。一个人内心的心理过程常常不允许自己意识到这些伤害,因为从长远来看,这样过于痛苦。通常情况下,需要借助大量的心理学的帮助，才能回忆起并克服过去的创伤。绝大部分人把他们童年时代所受的伤害直接遗忘了，尤其是那些在2岁之前发生的伤害。成年人经常回忆起美好的或者至少是正常的童年。看到自己的孩子毫不克制地发脾气，总觉得很奇怪。心理治疗师、心理分析者以及作家汉斯－约阿西姆·马茨在他的著作《自恋的社会：一幅心理地图》中曾经描绘了这样的现象："表面看来孩子被照顾得非常好，所有人都相信这是一个模范家庭，甚至孩子长大之后还会回忆起'幸福的童年'。但是早期自恋心理并没有得到满足，为了抵御这种匮乏所引起的不可忍受的、可怕的痛苦，才出现了粉饰太平的回忆。人类的心理有多种可能性，对爱的缺乏做出反应，甚至有时候也进行掩盖；孩子一开始是哭喊、发怒，然后发展出像疾病一样的症状，只是为了争取家长的关注，强迫他们照顾自己；还会出现行为的障碍，让父母发愁，让他们变得无助。……在爱缺失的情况下，孩子慢慢地发现，他们怎样才能够得到家长的认可和关注。由此，一个持续一生的异化过程就开始了：孩子不再做适合自己、在个人能力范围内的事情，而是按照家长的期望，希望能通过适应家长的需求获得认可。结果是整个一生都偏离了方向。表扬和批评这种教育工具催生了虚假的自我。渐渐地，父母希望的和要求的行为方式变得自然而然，孩子会以为这些就是自己本来的行为方式，而那些能促进真正的自我成长和发展的经验却几乎收集不到了（后来也不愿意再收集了）。"

在人脑的攻击性记忆中，聚集着痛苦的经验，这些经验可能会在许多年之后被激发，像浴火的凤凰一样重生。这时，一个人就会以无比激烈的方式对激发者做出反应，但他其实并不是引发熊熊怒火的真正原因。

父母经常和自己的孩子陷入这种激发性的情境中。而这是很容易解释的：这些情境让家长的大脑回忆起他们还是孩子的时代。按照神经生物学家和心理治疗师约阿希姆·鲍威尔的看法，攻击行为推移的现象在神经生物学中早就为人所知。被推移的有可能是攻击行为的对象，或者攻击行为的时间点。那些在童年时期不敢反抗父母的不公正或者侮辱性待遇的人，成年之后很可能把这些没有得到化解的怒气带在心中，就像一个一触即发的火药库。鲍威尔教授在他的书《痛阈：论日常暴力和全球暴力的起源》中写道："攻击性的冲动不仅可以把攻击的对象转移到另一个对象上，而且就像上文提到的一样，从一个当下的时间点推移到一个未来的时间点。有些经验已经激发了攻击机能，由于无法或者不被允许马上还击，会留下一道情感的记忆痕迹。这个记忆会把攻击性冲动像罐头一样保留到以后再加以使用。如果是一个过去的糟糕经历，那整个事件与'攻击性罐头'一起还有可能被遗忘。如果有大量的糟糕情况被存储起来，而且这些经验都没有得到适当的处理，那情况就变得棘手了。这种情况类似于超市的顾客积攒购物积分，他们把积分小条贴在一个小本子上，等把小本子贴满了，就可以拿到超市兑换现金。许多人在面对攻击性情感时都采取隐忍的态度，而不是马上进行沟通，这些冲动就像是在神经的'攻击积分本'上粘贴积分小条，不知道什么时候，这样的人会突然发作起来，而原因在外人看来常常跟他们发脾气的程度不相匹配，因为这是他们积攒的怒气爆发了。"

"那些没有及时处理的攻击性冲动就像购物积分本上的小贴纸，在大脑中存储起来，越积越多。有一天这些积攒的怒气会以无比强大的力量爆发，而且经常是因为一些鸡毛蒜皮的小事。"

  家长发怒的原因各种各样，因此也不可能有一个万能的建议让他们应对各自不同的怒气。但是有一些情形我们家长会经常遇到，而且这些情形不管我们的性格如何、童年如何，都会让我们生气。在本书的这一部分，我们将用例子详细解释，为什么在自立期的孩子有时会让家长勃然大怒，我们有哪些可能性可以克服这种怒气。我们觉得有必要在这里强调一下，家长克服怒气并不是件容易的事，我们这里建议的解决方案也不一定放之四海而皆准，即使是最完美的家长偶尔也会失去自我控制，甚至是那些在童年时享受过以需求为导向教育的人。但是家长因此就责备自己也是不必要的，我们是人，不是机器。家长只要明白，通常情况下，孩子并不应该承受大人的怒气，我们之所以冲他们发怒，是因为我们对他们行为的原因进行了错误的判断。如果我们能够记住这一点，就朝正确的方向迈出了第一步，也许我们不能完全控制自己的怒火，但是我们不受控制地爆发的次数肯定会大大减少。

我们误以为孩子有什么企图

在叛逆的情形中,有些家长经常误以为孩子有什么企图。他们认为自己知道孩子的头脑里是怎么想的,然后用成年人的逻辑来评判孩子的行为,以为孩子很放肆,所以就大发雷霆。杰奎琳(34岁)遇到的就是这种情况,她给我们描述了她每天晚上跟女儿进行权力斗争的情况:

玛洛4岁了,通常她晚上七点就乖乖地上床,而且很快自己就能睡着。但是最近,一到晚上十点她就开始呻吟,惊叫着醒来,然后就哭。她哭着下楼来,站在客厅的门口,大声嚷嚷着让我们来安慰她。她总是说睡觉好无聊,她做了个噩梦,或者她睡不着觉。但是我完全清楚,我的女儿只是把噩梦当作借口,为的是达到自己的心愿,钻到我们床上去。如果我们做出让步,她会在我们的床上立刻睡着,不再哭闹。但是我不想跟她睡在一块儿,如果她躺在我们的床上,我就睡不了觉,我整晚都合不上眼。而且她知道这一点,因此总是想出各种奇怪的理由来解释,为什么她不能接着回自己的床上睡。她每天都这样来回来去的,把我们折磨得不行。我们也有几次做出了让步,这一下更乱了套。现在她每天晚上都哭哭啼啼地下楼来，我是一到点就怒火中烧，因为我知道，现在她马上又要下来了，哭哭啼啼，搅得四邻不安。我丈夫对她更是一肚子气，他白天工作很忙，晚上需要安静。我们实在是忍不住了。我知道这样做不对，但是我们也没有别的办法，只能一看见她站在门口，就马上冲她大喊。我自己也觉得不舒服，也想不冲她喊，但是我们实在没有别的办法。我总是听人说，孩子都很犟，大人一旦让步他们就会变本加厉，但是像玛洛这样这么长时间、这么激烈地为达到自己的目的而斗争，这正常吗？总有一天她应该明白，她这么做不会达到目的。我只想让她回自己床上睡觉，我晚上能安静一会儿，夜里不受打扰，这样第二天我又可以充满爱心地面对她。可现在我真是被搞得筋疲力尽，白天有时候也冲她发脾气，之后我自己又受到良心的谴责。

估计做家长的脑子里都这样想过，原因就在于我们对孩子的消极看法已经烙印在自己的集体记忆里。几个世纪以来，人们都以为孩子的行为背后有自私的动机，家长会不停地听到警告，不应该放任孩子，一定要尽早教育他们，让他们听话。18世纪的时候，就有教育专家写道："任性是孩子很早就掌握的一种天然的手段，哪怕他们刚刚会用手势来表达他们的需求。他们看到一件东西，想要又拿不到，就大发雷霆、哭喊甚至撒泼。有时候大人给的东西他们不喜欢，他们就会把这件东西扔掉，然后大哭。这些危险的举动会妨碍整个教育，影响孩子的成长。一旦家长让步一次，第二次他们会更加任性，更难安抚。孩子一旦明白他们通过发脾气和哭闹就能达到自己的目的，他们就会再次使用这种手段。最终他们将凌驾在自己父母和仆人之上，变得恶毒乖张，而父母就会一辈子受他们的折磨，这就是他们给孩子的'良好教育'的回报。如果父母一开始就通过严肃的责备和笞挞制服了他们的任性，那他们就能调教出听话的、顺从的好孩子，而这些孩子以后都是可塑之才。"①

这种"黑色教育学"的基本思路是，孩子身上天生的"任性"一定要尽早地、不惜一切手段地剪除，否则他们长大了就会变成坏人。代替任性的，应该是对家长和上司的绝对服从："想要教育好孩子，顺从是必需的，因为顺从能让孩子遵守秩序、遵守法律。一个习惯听父母话的孩子，等他离开家，做了自己的主人，也会乐于遵守法律和理性的规则。因为他已经克服了一意孤行的做法。这种顺从是很重要的，整个教育的核心就是养成顺从的习惯。"②

由于我们的曾祖父母、祖父母和父母都是从这个角度看待自己的孩子的，如今做了父母的这代人，绝大部分也受到过如此的对待，因此认为孩子想要凌驾于我们之上，这种想法我们会觉得既熟悉又正确。有的家长会想：我们的直觉让自己去对付孩子的犟脾气，而这种直觉怎么会有错？大家不是都认为应该相信直觉吗？

直觉是一种在很短时间内产生的认识，不需要经过理性思考这条缓慢的弯路。要想得到可靠的直觉，需要我们的大脑事先对一件事情有深入的了

---

①②约翰·乔治·苏尔策：《试论对儿童的教育和指导》。

解。而这一认知过程，我们通常都不会察觉。当我们还是婴儿和幼童的时候，自己和兄弟姐妹都受到过家长的照顾，由此，我们获得了与婴儿打交道的一些基本知识。这些知识在我们成长的过程中被转移到了大脑的核心区域，这一部分是受潜意识控制的，一旦我们遇到一种看似新的情况，比如我们自己有了孩子，潜意识中有时候就会冒出一个知识的火花，我们就有了一种直觉。

直觉并不是第六感觉，而是对自己童年经验的无意识的使用。如果年轻父母按照直觉来行动，那他们基本上就是在无意之中按照他们祖父母和父母的方式教育自己的孩子。如果自己有过细心的、充满关爱的母亲，能够及时正确地解析孩子发出的所有信号，那年轻父母的做法也会是正确的，结果也会是美好的。如果年轻父母是在欧洲长大，先辈是被"黑色教育学"培养起来的，那可能就需要对自己的直觉再思考一下，因为极有可能这种直觉是被反复教导才记住的。我们在这里再引用一下约翰·乔治·苏尔策的话："灵魂有他们的意愿，这是很正常的。如果不在最初的几年将其认真地打造的话，之后就很难再达到目的。头两年尤其有一个好处，那就是可以使用暴力和强迫。随着时间的推移，孩子会忘掉他们在童年早期遇到的事情。如果在这个时期去除孩子的自我意愿，之后他们根本就不会记得，他们曾经有过自我意愿。因此，人们当时不得不使用的强力手段也不会有严重的后果。"[1]

可能今天大部分年轻父母在小时候都没有挨过打，但几乎能肯定的是，

---

[1] 约翰·乔治·苏尔策：《试论对儿童的教育和指导》。

他们被父母粗暴地抓过胳膊、拉拽、推搡过,有些孩子被抓过后脖颈、揪过耳朵或者拍过后脑勺儿。有些孩子在发怒时,父母为了让他们冷静下来,会让他们冲凉水澡;有些被关进房间面过壁,或者在墙角罚过站,反省自己做的"羞耻的事情"。比起以前孩子经受的苦难,这样的待遇看起来不算严重,但实际上还是留下了严重的后果。它们会被烙印在孩子的大脑里,造成了愤怒的冲动,成为父母后,会在相似的情形下对自己的孩子做出类似的反应。我们作为父母在这些时刻产生的冲动,正好证明了我们前辈所说的"也没给我们造成什么伤害呀"是多么荒谬。这些不当行为当然给他们造成了伤害!也给当时作为孩子的我们造成了伤害,未来还会继续对我们的孙子辈造成伤害。爱的表达方式不是身体上的暴力或者侮辱,绝不可能是。但是我们头脑里的声音悄悄地告诉自己,我们不应该允许孩子骑在自己头上,否则他们会在社会中,比如幼儿园或者学校里,行为失常,令人侧目。这些声音暗示我们,孩子必须要学会顺从,才不会变成坏孩子和坏人。除了父母,还有谁能教给他们这些呢?必要的时候就要使用高压和强制。这些来自过去的声音根本不允许我们有其他想法,我们无法相信孩子不经过暴力对待,就能学会适应社会。因此像杰奎琳这样的家长会马上认为,孩子是在坚持自己的意愿或者试探家长的界限,家长对此应该坚决反对。

　　其实杰奎琳和玛洛这个例子的结局很有趣。不管杰奎琳想出何种惩罚,或者用何种奖励来诱惑,玛洛每天晚上都会哭哭啼啼地走下楼来。按照杰奎琳的说法,那不是一种心里害怕的哭泣,而是装哭。所以用她自己的话说,她快要被气疯了,因为她不能让玛洛明白,睡在父母床上是不可能的。就在这个节点上，杰奎琳请我们帮忙。

在谈话的时候我们首先问杰奎琳，为什么一想到孩子有可能"强制推行他们的愿望"，她作为妈妈就会感到十分害怕。杰奎琳说这只是种朦胧的感觉，根本说不清楚，但是她坚持认为孩子应该睡在自己的床上、睡在自己的房间里，她不想改变这个规矩。我们向杰奎琳保证，我们并不打算说服她改变家庭里的睡眠习惯。这时她才放松了一些。我们提醒她，她自己已经察觉到孩子是在床上就开始呻吟，过了几分钟后才开始哭的。但是她对这一点并没有加以关注，因为这跟她猜测的故意装哭对不上号。没有人能在睡觉的时候犯拧，我们建议杰奎琳，在玛洛平时醒来的时候坐到她的床边观察一下，每天晚上都上演的剧目到底是怎么开始的。就像我们预期的那样，杰奎琳很快就发现玛洛在醒来之前真是做了噩梦，她在睡梦中翻来翻去，呻吟着，抽泣着，显然在她的梦境中挣扎。在这个时候，杰奎琳试着去安抚睡梦中的玛洛，把手放在她的胸口上，轻轻地对她说"没事啦，这是一个梦"。过了一会儿，呻吟停止了，玛洛又安稳地睡着了，一整夜都没有醒来，更别说要去父母的床上了。杰奎琳意识到，她为自己女儿的行为假想了一个错误的原因，而玛洛真是由于害怕和噩梦才想去找爸爸妈妈。杰奎琳不禁哭了起来，她居然听信了过去流传下来的那些所谓的经验，而没有去关爱自己的孩子。很多家长都有过这样的经历，我们内心的声音总是警告自己，要为孩子的未来着想。这个声音让我们恐惧，让我们经常怀疑自己的孩子，屏蔽了我们的爱意，让我们误以为孩子是"叛逆"。

上面大概是一个极端的例子，但是日常生活中有许多小事情，我们也会以为孩子有什么企图。阿丽娜（26岁）描绘了这样一个情景：

> 最近有一次，我们想一起去购物。我3岁的儿子亨利已经等在外边了，在房前的花园里拿着一根木棍玩儿得很高兴。要出发的时候，我对他说："宝贝，我们要出发啦，把那个棍子放下。"他朝我微笑了一下，然后就往房后的花园里跑。我追着喊他："请把棍子放下。等我们回来，你可以接着玩儿。"但是他仍然往后院跑。我的丈夫说："我去把他抓回来，他肯定是想躲猫猫，逗我们玩儿。"我跟他说："再等一分钟，看看他到底想干什么。"他到底做了什么呢？他把棍子拿到花园最后边堆肥的那些枯枝烂叶那里，把木棍扔了上去。他以前经常看我把花园里剪下来的枯枝烂叶扔到那里，而且他也特别喜欢帮我做这件事。扔完之后，他回来了，并且高兴地说："我把棍棍放下了。"然后二话不说就高高兴兴地上了车。

这个例子也显示了家长经常误会自己孩子的意图。亨利想要满足母亲的愿望，把木棍扔到他觉得正确的位置上，爸爸却下意识地以为他有不好的企图。如果爸爸听从了自己的冲动，会发生什么事情呢？他肯定会在半道上把亨利截住，把木棍夺过来，生气地扔掉。亨利肯定会发怒，因为爸爸的这种做法对他来说完全不可理喻，在亨利看来，自己并没有做错什么。爸爸会以为，亨利生气得大喊大叫是因为意愿没有得到满足。爸爸生起气来，估计会把挣扎着的亨利硬放到座椅上，系上安全带。整个过程会让所有人都感到十分不舒服。其实等上几秒钟就可以看清孩子的真正意图，从而避免冲突。

另一个例子是我们博客的一个读者提供给我们的。玛丽安娜（42岁）给我们写道：

我有一点儿绝望。慢慢到秋天了，我4岁的儿子拉瑟从昨天开始就拒绝把他的帽子带到幼儿园去。我并没有要求他在去幼儿园的路上就戴上帽子，他只是应该把帽子带到幼儿园，如果他在室外玩儿的时间长，觉得冷的话，就可以把帽子戴上。但是他不想拿着帽子。他看见我把帽子放在书包里，甚至生起气来，因为他知道我会把书包放在幼儿园他的柜子里。我建议的其他可能性以及妥协方法都被他干脆地拒绝了。这让我特别生气，平时我的孩子还是有事情很好商量的，但是现在我突然对自己的教育方法怀疑起来了。

从这个例子我们能够看到，我们内心发自过去的声音总能引起恐惧，而这些恐惧是多么深深地植根在我们心里。尽管拉瑟平时是个很好商量的孩子，但是他只要做出一次拒绝，就会让他的妈妈感到不安。妈妈觉得，只要让步她就输掉了一场权力斗争。这种感觉导致她出现生气的反应。她的第一个冲动是强迫拉瑟把帽子带上。等她察觉到，她用的这种教育方法实际上是她一直想避免的，她又定了定神，从外人的角度来观察整个情形。她决定相信自己的儿子，尽管儿子不能或者不愿意解释，为什么把帽子放在家里对他来说这么重要。最终，玛丽安娜并没有强迫拉瑟把帽子带上，她放手让拉瑟自己去决定他什么时候觉得冷。她让步了。当玛丽安娜在幼儿园跟老师谈过这件事之后，谜底解开了。幼儿园老师要求孩子，那些有帽子的去花园里玩儿的时候就必须戴上，没有例外；那些没有帽子的就可以不戴帽子出去。孩子不可以自己做出决定。这时候玛丽安娜才明白，为什么拉瑟拒绝把帽子拿到幼儿园，因为他不想在幼儿园被强迫戴上放在那儿的帽子。玛丽安娜也不希望她的孩子被剥夺决定权，因此她很高兴自己让了步，尽管她也短暂地怀疑过。

　　从这个例子中，家长也能很好地看到，孩子的行为第一眼看上去不一定都符合逻辑，但是在绝大多数情况下，孩子都有一个很好的理由，只不过他们自己无法说清楚这个理由。家长一定要意识到，自己受到"黑色教育学"的影响，对孩子总有消极的看法。只要家长能不断地意识到这一点，就会发现，我们以为孩子跟大人作对，其实大部分都是误会。因此，我们号召大家，一定要先等一等，并且设想孩子的意图是好的。家长要摆脱那种"黑色教育学"留在集体记忆中的声音，这样我们对孩子的怒气大多数情况下会自动消失，因为我们认识到，孩子其实并不是在跟大人作对。

"孩子发起脾气,我也忍不住了"

处于自立期的孩子,尤其是当他们还很小的时候,有可能会因为芝麻点儿的小事就失控。他们又哭又闹,完全崩溃,就好像遭受了从古到今最大的不幸,而在我们大人看来,孩子遇到的问题不过是鸡毛蒜皮。因为这种事每天都可能发生好几次,对家长来说,真是累人累心。孩子每发作一次,家长的怒气就增长一分,更没有耐心去安慰他们。会想:我的老天爷,为这事你也要哭!伊丽莎白(29岁)给我们描绘了一个典型的例子:

我的女儿米丽阿姆刚刚1岁,她有一个习惯特别让人讨厌,如果有什么东西不小心碎了、断了,不管是一块儿饼干,还是一根香蕉,她都要大发雷霆,真的完全收不住。如果我给她一块儿新的完整的饼干,有时候能让她停止发脾气,但这也不是解决办法呀!一块儿饼干碎了,有那么严重吗?又不是世界毁灭了!

我们家长觉得这种情况特别累心,因此一肚子怒气。这主要是因为我们无法理解孩子大脑中的想法。我们已经经历了所有认知发展的节点，根本就忘了某一种视角可能会有限制。比如说1岁的孩子，他们不能对计划的突然改变做出正确反应。贺蒂·范·德·杰尔特博士在她的著作《太棒了，我在成长！》中解释道："大脑里的程序……一开始不太灵活；遵循着某一特定的习惯。这一点并不让人吃惊，因为孩子在'程序'的世界里还是新手，因此还没有能力让他正在实施的计划去适应不断变化的环境。他想要像我们成年人一样灵活机动，需要数年的经验积累。"

大脑还做不到这一点，因为在这一时期，虽然重要的神经通路大多数已经存在，但功能还不够强大，认知上的关键点还没有达到。如果在剥皮的时候，一根香蕉断成了两截，大脑就会陷入危机，孩子会因为这点小事就大喊大叫，因为他没有想到香蕉会断掉，他的计划是吃一根完整的香蕉。这个无法预见的计划的改变使他的大脑进入了一个不舒服的、无法协调的状态。在我们成年人眼里，这已经不是问题了。我们会把断了的香蕉吃掉，心里完全明白，不管香蕉是完整的还是两截的，都没有任何区别。孩子要想达到这种从容洒脱的程度，则需要大脑成熟起来，能够忍受计划的改变。

日常生活中其他一些小事情也能让我们的孩子怒气冲冲。大概每个家长都遇到过这种情况，那就是杯子的颜色不对。如果孩子希望得到粉色的杯子，拿到的却是一个绿色的，因为粉色的杯子还没有洗，这件事已经足够让他头脑发昏，发一通脾气了。对孩子来说，计划往往是明明白白的，但是家长对这个计划却毫不知情。比如我和女儿埃伦娜1岁时就遇到过这样一件事情。我们在某个车站刚下车她就开始哭喊，后来我才想起来，我在这个车站附近的一个售货亭买过一次小熊橡皮糖，埃伦娜记住了这件事，希望每次到这个地方都能得到一些糖，这就是她心里的计划。但是我不知道这个计划，而且早就把小熊糖的事情忘得一干二净了。我每次走过售货亭，什么都没有买，埃伦娜都失望地大喊大叫，完全安静不下来。我一开始以为这个车站有问题，有某种原因让我女儿害怕，就避免在这儿下车。一个偶然的机会，我总算想起来，那时候曾在这儿买过小熊糖。后来我虽然没有再在那个售货亭给她买糖吃，但是我现在知道了埃伦娜为什么喊，也就可以更好地忍受她的行为，并且可以朝正确的方向安抚她。

如果我们时不时地想一想本书第一章讲过的细节，比如孩子认知发展的基础以及他们年龄所决定的限制，我们再碰到情况时就会更容易克制自己的怒气，也会明白，在我们的眼中完全非理性的那些举动并不是孩子故意为之。他们还没有像我们一样发育成熟，我们可以把自己的怒气推到一边，充满同情地看着他们，沉默着点头，让他们靠在我们的肩膀上慢慢停止哭泣。我们应该明白，他们需要的不是一块儿新的完整的饼干，而是一个坚强的后盾，可以陪伴他们度过大脑中的危机时刻。我们应该从他们的角度设身处地、感同身受，才能陪伴他们顺利到达下一个认知关键点。

就像在上一节讲到的那样，一些小小的"命运的打击"就可能把孩子激怒，因为它们与孩子头脑中的计划不一致。能够随时偏离制订好的计划，是一种逐渐地、需要通过很多努力才能掌握的认知能力。从3岁开始，我们成年人会观察到孩子发怒的情况确实增加了，孩子变得更加怒火冲天，嗓门儿更大，家长几乎无法让他们平静下来。这又是一个什么样的时期呢？这时候如果我们仔细观察就会发现，所有这些反应都有一个共同点，它们都是由不可改变的自然规律、不凑巧的偶然性，以及别人的个人需要所激发的。在这个时候，我们的孩子确实到达了一个认知能力的关键点，使他们今后能够在行为中顾及他人的需求。但是这段时间对于家长来说却特别吃力。我们看一下迪雷克（25岁）和萨米（3岁）的例子：

我的儿子萨米马上要3岁了，进入了一个家长几乎无法忍受的时期。他整天发脾气，而且嗓门儿特大，任何事情都能让他火冒三丈。我们给他网购的玩具被送到邻居家，我们去取时邻居正好不在，没法儿开门，萨米就往地上一躺，哭喊声能把整个房子震塌。如果我们回到家，他想按灯的开关，而姐姐不小心抢在他前面把走廊里的灯打开了，那他肯定会大发雷霆，什么也不能让他安静下来。我一上厕所他就发脾气，因为他禁止我上厕所，认为我应该陪他玩耍。你们都觉得这不可思议，是不是？他最喜欢的酸奶吃完了，我没有马上买新的，因为星期天商店关门，他也要发一通脾气。现在的发脾气可不是普通的发脾气，比平时我们经历过的要严重一百倍，而且每次发作都至少半小时，真的是什么也无法安慰他。我既不能靠近他，也不能走开。如果我一走开，他声音就更大。但如果我靠他太近，他又躲开我。过了半小时或者四十五分钟之后，他会嘴角挂着白沫，鼻涕冒泡，筋疲力尽。他看起来简直像得了狂犬病。我们注意到他现在夜里也会惊醒，使劲儿发脾气，不停地喊。夜里的发作比白天的还要严重，我每天晚上都害怕他又会惊醒。幸亏我们的邻居自己也有小孩，知道我们不是在虐待他。萨米是我的心肝宝贝，但是有时候我也会想，是不是应该狠狠地揍他一顿。我当然不会这么做，但是他大喊大叫的时候，我确实禁不住这么想过。

我们不在家时，一个邻居帮我们收了快递，等我们想拿的时候，邻居又正好不在。如果我们成年人碰到这种事，我们会觉得这太不巧了，这是一个我们无力改变的、自然的情况。我们可以使劲儿按门铃，但是仍然不会拿到我们的快递。作为成年人我们明白这一点，因此我们最多会因为这个情况郁闷一下，我们会耸耸肩膀，晚上再来试试。当我们最喜欢的酸奶在星期天吃完了，我们知道，现在跑到超市门口怒气冲冲地摇晃大门是没有意义的，我们要等到星期一才能去买我们最爱的酸奶，这也是一个我们无力改变的情况。对于像萨米这样的孩子来说，他们刚刚开始经历愤怒、恐惧等感情，先要学习把它们分类，因此这些情况对他们来说难以忍受，比对我们大人来说严重得多。一方面由于他们大脑结构的原因，他们会更快地激动起来；另一方面他们还没有经历过多少无力改变的情况，对他们来说，这是一种新的体验，真正让他们感到无能为力。这不是成年人随意划定的界限，而是自然而然地存在于这个世界上的。

像萨米这么大的孩子还有一点要学习，那就是别人不会像东西一样可以由我们随意安排。孩子还是婴儿的时候，我们作为父母会先满足他们的需求，然后顾及自己的。比如，我们会抱着他们溜达，让他们睡午觉，虽然我们自己其实着急想上厕所；有时候他们不愿意躺在摇车里，哭了起来，我们只好把他们抱起来，不去洗澡了；有时候孩子急着吃奶，我们就顾不得自己的肚子饿了，等等。这些做法都是对的，而且很重要，但是随着孩子年龄的增长，他们也应该学会等待，这样我们做父母的就逐渐可以照顾一点儿自己的需求。总有一天家长和孩子在考量各自需求的时候会发生争执。3岁时，大部分孩子还无法进行视角转换，也就是说，他们的同理心是很有限的。他们还弄不明白，如果想上厕所又不能去，是多么难受，因为他们睡觉的时候非要家长拉着自己的小手；他们还无法理解，姐姐走进黑咕隆咚的楼梯间会主动去按电灯开关，不是为了气弟弟，而是因为姐姐无法从弟弟的角度出发，不知道弟弟的脑子里会有这种想法。

视角转换和同理心是两个认知的关键点，都需要孩子在自然发展过程中用自己的力量达到。但是这个年龄的孩子还越来越显示出，他们想要"决定别人做什么"，这种做法会自行消失吗？

在我儿子约舒阿3岁的时候，我们经历过这样一件事情：

冬天的周末，我们一家人基本上都会看一部儿童电影。前三次我们都听了约舒阿的选择，跟他一起看了他最喜欢的电影，里边有会说话的汽车。但是这次我们不想再看了，我们想看另外一部。为了不让约舒阿过于失望，毕竟他是我们中间年龄最小的，我们就跟他解释，我们先看一下那部电影里他最喜欢的一个镜头——有两辆汽车冲着拖拉机使劲儿按喇叭。我们说到做到，他也很高兴。但是等我们把女儿想看的电影《派特森和芬达猫》放进影碟机里，好戏就要开始了，约舒阿却不愿意让我们看下去。他发起脾气来，大喊着让我们把电视关上。他想要决定我们看什么，或者至少决定我们不能看什么。但是我们也不想放弃我们的决定,这使约舒阿怒不可遏,我一直陪伴了他四十五分钟才让他明白,我们可以做他不允许我们做的事情。我的女儿也等了这么长时间,才开始看她想看的电影。

这种情况对我来说相当吃力,但是我知道,忍受约舒阿的怒气是很重要的。当然,我们也可以为了气氛和睦而退后一步,或者让他转移注意力,使女儿可以偷偷地看她想看的电影。但是这样的话,我们就会给约舒阿的大脑发送一个错误的信息,约舒阿就会以为,通过大喊大叫可以随意地指挥别人,就像安排碍事的家具一样。如果这样做,也许在父母、兄弟姐妹或者祖父母那儿还能行得通,但是在真正的生活中,比如,面对邻居、幼儿园老师、学校老师或者上司的时候就行不通了。每个人都有自己的意愿,反应也有时跟我们希望的不尽相同,这一点正是我的儿子约舒阿、前面例子中的萨米以及其他这个年龄的孩子应该学习掌握的。

如果我们因无法忍受孩子一时的脾气以及他们的音量,就向孩子大喊大叫,这样的做法其实对他们并没有好处。我们并没有能增强他们的能力,因为这种"想要指挥别人"的做法并不会自动消失,这一点我们在一些成年人身上,尤其是在政治家身上可以看得很清楚。孩子应该通过我们了解到,在生活中,有时候需要为了别人的利益后退一步,否则他们自己和周围的人都会遇到麻烦。遇到无能为力的情况就应该忍耐,比如商店有关门的时间,比如命运的打击会像气球爆炸一样突如其来,比如别人会做让你觉得很愚蠢的事情等。忍耐是必需的,只有这样才能轻松地面对生活、融入社会,而不会迷失自己。

在这里我们还想再提一下迪雷克讲的夜里发脾气的情况。在前文中我们曾经提到，没有孩子会在睡梦中叛逆，因为这是不可能的。但是在这个发展阶段，孩子会更多地出现在夜里发怒的情况，而且很难平静下来。这是由于控制冲动的前额叶在夜里是离线状态，它就像睡着了一样，即使刚清醒过来它也不在状态，就像我们突然从睡梦中被叫醒也会有一些恼怒，就像一头刚刚从冬眠中被惊醒的熊一样，孩子也是这样。因为进入睡眠状态的前额叶不能抑制发怒的冲动，所以在夜里惊醒时，这些冲动会不经过滤完全发泄出来，孩子会大声喊叫、撒泼；家长会觉得过去了很长时间，才能跟孩子说话，去安慰他们。所以迪雷克一到晚上就害怕出现情况，这一点也不让人惊奇，唯一能起一点儿作用的手段是，让孩子在睡觉之前就把负面的情绪宣泄出去。这并不是说家长要有意地去惹恼孩子，而是说如果以前家长一直都避免让孩子睡前发怒，在孩子比较容易发怒的日子里，一直都小心翼翼地对待他们，现在家长就不必这么做了。让孩子在睡前发怒，这样家长可以更好地陪伴他们，因为在夜里家长的前额叶也不在状态，这会让家长觉得很难充满爱意地陪伴自己的孩子。

在本书的后半部分，我们详细地描述了在孩子发怒时，家长应该如何陪伴他们，引导他们走出愤怒状态。但是像迪雷克描述的萨米发怒的情况，就比较难以对付了。如果我们的孩子经历了小小的命运打击或者遇到无能为力的情况，他们就会感到愤怒和悲伤。这种混合的情绪是会一触即发的，想要分散孩子的注意力，不太容易做到。提出一个妥协的方案，从这种情况的特点来看，也不会起很大作用。比如迪雷克也曾经跟儿子说，姐姐在楼道里先按了开关，现在他们可以在楼道里等一会儿，等灯熄灭了，萨米再去把它打开。但是这个方法并不起作用，因为萨米的意图并不是去开灯，而是要做第一个开灯的人，而这个机会只有一次，已经逝去不再来了。如果您的孩子像我们在这一章里描述的那样发起了脾气，或者很伤心，那你们就待在他的身边，可以把他抱起来，但是也不要强迫他。孩子在发怒时经常不愿意有亲昵的动作，也不愿意有语言交流。孩子可能也不清楚自己到底想要什么，所以有时候他会生气地让你走开，可是当你真要走开的时候，他又会大哭。这时候你应该跟他保持一点儿距离，坐在地上，充满同情地看着他。你最好什么也不要说，有时候可能需要半小时或者四十五分钟，我们的孩子才能摆脱他的沮丧情绪。在这段时间里，我们除了听听他的伤心事，其他什么也做不了。可要做到这一点，其实不容易。带着同理心去听自己孩子的哭喊，这对我们自己的情绪是一个很大的挑战。事后，你大概跟自己的孩子一样会感到筋疲力尽，但也很高兴，因为你们又能彼此拥抱了，重新让自己充满能量。

"她一哭我就肝火上升"

孩子状况不佳,对家长来说真是很糟糕的情形。看到孩子伤心或者生病,有的家长马上就会有一种遏制不住的愿望,想去帮助他们,想尽快使一切恢复正常。但是偶尔有一些情况,家长也帮不上忙,或者无力改变这种情况。这时候我们心爱的孩子只能自己"扛着"。如果他们还是哭了,那可能是因为我们冲他们发了脾气。丹尼拉(37岁)这样讲道:

我的女儿劳拉6岁了,刚开始上学。这几个星期以来,早上一到上学的时间,她就哭。一听到她哭,我就肝火上升。因为我不明白她为什么哭,她一直都说她觉得学校里挺好的。一开始我还安慰她,但是后来我觉得,这对我来说变得越来越难。我想要安慰她,但是她的哭声真是让我怒火中烧。有时候我真想转身走开,不再听她哭。这种想法很可怕,我知道这一点,而且我也对自己的这种想法感到不好意思。但是在找这所学校的时候我费了好大的劲儿。这是一所蒙台梭利学校,位置特别好,好不容易才搞到一个名额。校园是一片很大的林地,老师特别亲切,充满关爱,没有丝毫的学习压力。我女儿把自己称作婴儿,因为她每天早上都哭,其实她自己也不喜欢这么做,但是这种情况现在已经变得不可收拾了,她哭、我发怒,成了每天早上的一种仪式,我真不知道怎样才能摆脱这种困境。

丹尼拉的怒气很容易解释。一听见孩子哭,人类的基因就决定了我们要去帮忙。这对进化来说是很有意义的,因为它能够保证我们后代的存活。一个婴儿哭喊,我们就给他奶吃,抱起他来摇一摇,跟他进行身体接触,让他安静下来。即使孩子长大了一些,这种反射仍然存在。如果孩子摔倒了,家长就会把他扶起来,抱着他,直到他停止哭泣。如果他在树上下不来,喊我们帮忙,我们就会赶紧跑过去,把他从树上抱下来。但是也有一些情形是我们成年人无法避免或者无法恢复原状的,这些事情孩子必须忍耐,即使我们想要保护他们,让他们免受其罪。从丹尼拉和劳拉的例子里我们能够看到,上学是女儿无法避免的,妈妈已经提前尽力为她找到了一所好学校,老师也很友好,之后的事情妈妈就无能为力了。女儿伤心地流泪,让妈妈又产生了想帮忙的冲动,但她又不知道怎么办才好。这种矛盾的心理在她身上引起了一种强烈的压力反应,让她的大脑陷入不知所措的状态。在神经生物学家吉拉尔德·许特的描述中,这种状态是极其让人不适的,会像身体遭受的疼痛一样激活了大脑中同样的区域。人在这种情况下会感觉内心十分激动,想要积极地去做些什么,才能摆脱这种不确定的情绪。

为了应对这种状况,大自然在我们的大脑中设置了一个行动程序:逃走或者斗争。想要摆脱这种情绪,丹尼拉可以离开哭泣的女儿,一直到她停止哭泣。但是这样显得很冷酷,女儿也会这样想,因此,妈妈决不会这么做,即使她有这样的想法。由于她不能逃避这种情况,她的大脑就调整到斗争的状态，她就对女儿发起怒来。丹尼拉想要劳拉停止哭泣，这样她的内心就不会再有不舒服的情绪。

妈妈在这种棘手的情况下使用的是成年人十分典型的做法。她把孩子的忧虑轻描淡写："根本没那么严重""世界不会毁灭的""这样太傻啦""别人还不如你呢""也没发生什么情况啊"。这些话全世界的家长每天都在说，它们有一个共同点，就是一点儿用也没有。如果家长说"根本就不严重"，孩子听见这句话，不会停止哭泣。相反，否定孩子情绪的做法是有害的，因为这在暗示孩子，他的情绪有什么地方不对头。孩子感觉内心有一种说不出来的痛苦，但是那个爱他的成年人却不容置疑地声称，那儿什么都没有。成年人这种做法使孩子不再相信自己的感觉以及相关的冲动。对周围的人来说，这或许能达到让他们舒服的效果，因为孩子以后在相似的情形下不会再哭了，而是"打起了精神"，但是长远来看，这种做法却破坏了孩子与他感知的自我之间原本的联系。孩子不再去完整地体验他的情感并学习控制它，而是压抑自己的情感，用他自己的头脑去克制情感的产生。但是那些克制情感的人在情感特别强烈的时刻很容易迷失自我，如果在童年时期允许孩子体验各种情感，这些情感就会成功地被整合到头脑中。人在相应的情境中会大笑、大哭、发怒，但是他不会突然"爆发"，因为他会控制自己的情感。

但是作为家长，我们怎样才能摆脱这种发怒的情形呢？我们必须明白，孩子哭或者抱怨，其实并不是想要找一个摆脱这种困境的办法。孩子哭泣就是因为他们很悲伤。也许不用面对学校的挑战对劳拉来说更舒服一点儿，但是她完全明白，这是不可能的。她只是想要表达，新环境使她不愉快，她想把痛苦都发泄出来,摆脱负担继续前行。之后她可能会更好地应对这种情况,因为她在自己的亲人那里获得了力量。我们做父母的应该放下想要帮助孩子的冲动,因为孩子此时不需要我们的帮助。

成年人在生活中也会遇到这些情况。比如在工作中,同事很讨厌,或者老板提出过多的要求,我们回家给自己的另一半讲述这些事情,其实我们只是想有人倾听,或者能靠在他的肩膀上痛哭一下。我们根本不想听什么建议,比如"那你真的应该拍桌子",我们也不希望自己所爱的人跳起来,充满攻击性地大喊"我去找他算账"。我们只是想要有人倾听,可以释放一下自己的怒气,等我们说完了,心情也就好了。虽然我们的难题并没有得到解决,但是只要能谈一谈,对我们就有所帮助。孩子也一样,如果家长总是替他们解决难题,比如允许他们装病不去上学,这么做的同时,我们也让他们失去了通过生活中的坎坷进一步成长和发展的机会。

家长应该随时能与孩子倾心而谈,但是不要过度呵护。通过这样的方法与孩子共渡难关,可以提高孩子的复原力,也就是说,他们有能力很好地应对打击和不幸,而不会因此一蹶不振。在大多数情况下,孩子只是想得到一些安慰,我们只要带着关爱倾听他们,他们就能从中汲取鼓励。通过我们的关怀,他们得到了重要的社会反馈,因为他们体验到,他们自己以及他们的痛苦对大人来说都是很重要的,这种体验会让他们的身体分泌幸福的激素,他们的压力就消失了。如果家长意识到这一点,再遇到这种情况,他们的怒火就会自行消失,因为这种状况对他们来说不再是不可解决的困难。安慰就是解决方法,既适用于家长,也适用于孩子。

叛逆期关键养育

"我担心自己的孩子"

当我们担心孩子的安全时，我们发怒的冲动就会更加强烈，这是许多家长都体验过的可怕经历。托比亚斯（44岁）给我们讲述了他和儿子的一段经历：

我不太愿意承认，但是我确实打过一次雅尼克，打了他的屁股。他那时候4岁。他跟妈妈在路上走，我正好下班回家。我们住的那条街车特别多，雅尼克是知道规则的，他到了马路边要停下来。但是那天，当他看到我站在马路对面，他没有看路就高高兴兴地跑了过来。我差点儿给吓死，因为这时候恰巧过来一辆车，雅尼克差点儿被车撞上。我现在想起当时的情景还会心跳不止。他高兴地扑到我的怀里，根本没有注意到他刚才差点儿出车祸。就在这个时刻，我的大脑里启动了另外一套程序，我脑子里只有一个想法，就是我要狠狠地揍他的屁股，让他再也不会不看车就穿过马路。我当时就像被遥控一样，脑子里只有这个想法反复出现：一定要让他记住，一定要好好地揍他一顿，这样他才能记住。打完他之后，我几乎崩溃了，他也是。我们俩抱在一起,躺在地上哭成一团,我的太太也哭了。这之后我再也没有打过他,希望以后也不会再打他。当时我真是吓得失去了理智。

托比亚斯描绘了他为自己的儿子担心得要死的那一刻,大脑仿佛被关掉了一样,他丧失了理智,好像头脑里一个按钮被按了一下。如果我们现在回想一下本书的开头,我们可以简短地琢磨一下,托比亚斯的大脑里大概发生了什么。他看到了危险,他大脑中的恐惧中心、压力中心以及植物性的刺激中心都被激活了,他的身体里产生了一股特别具有攻击性的能量,这股能量穿过了他的神经控制系统,同时这个情景也许还激发了他对童年时相似经历的回忆,这种回忆是存储在他的情感脑中的。托比亚斯小时候爬树掉了下来,崴了脚,他父亲打了他一个耳光。于是,眼前对儿子的巨大担忧,以及过去没有得到处理的具有攻击性的回忆痕迹掺杂在一起,使得情感脑占了上风,把认知脑以及整个前额叶几乎完全关闭了。由于这个时刻的情感特别强烈,控制机制的工作变得极其困难,也就是说,攻击冲动无法改变,或者只是轻微地得到了改变。托比亚斯丧失了理智,打了儿子的屁股。我们也许可以推测,在小托比亚斯从树上掉下来的时候,他的爸爸大概也有这样的经历。

对孩子的巨大担心,不一定都会通过肢体的暴力显示出来。当他们看到自己的孩子陷入危险境地,更多的家长会使用语言上的暴力。雅娜(30岁)给我们讲述了这样一段经历:

我女儿芬尼娅3岁了,特别喜欢水,我们经常去游泳池。她当然还不会游泳，因为她还太小。有一次她没有带游泳辅具就在游泳池边跑，结果滑倒了，掉进了水里，因为她在池边先跑了几步，所以离我太远了。幸亏有一个游泳的人正好在那个位置，他立刻抓起芬尼娅，把她托起来，送到了我这里。我女儿完全吓坏了，哭起来，而我根本没法儿安慰她，因为我也吓傻了，我的心狂跳不已。"你在干什么，我已经跟你说过一千次了，你在游泳池边不能跑，就是因为这个。"我充满责备地冲她大喊。我真是被她气坏了，我自己也没法儿解释。按理说她什么事也没有，我应该松一口气。

我们在上文提到，在童年时代的情感记忆中，感情会跟某些令人难忘的情形联系在一起存储起来。这些早期的记忆中经常还有一些话语。这些话我们可能听过无数次，耳朵都起茧子了："我跟你说过，你要小心！""你就非得……""你难道不能……""这就是不听话的结果！""我得一刻不停地盯着你！"这只是其中几个例子，我们每个人肯定还能再加上无数其他的例子。这些老生常谈被烙印在我们的记忆里，一旦我们的认知脑被感情脑屏蔽，语言中枢不发挥作用，这些话就会冒出来。因为我们受到强烈的情感影响无法言语，我们会下意识地去使用那些我们不需要想就能说出来的话，它们突然就出现了，就在我们嘴边，而我们并不是真的想说这些话。如果我们在童年遇到压力和恐惧情形时，主要听到的就是这些贬低的、指责的话，我们成年之后在为自己孩子担心的时刻，也会倾向于使用这些充满暴力的交流方式。雅娜的女儿无意中掉进了游泳池，她无法做出关爱的反应，而是劈头盖脸地责备女儿，这让她自己都很吃惊，而她的童年经历也许就是她这样做的原因。如果我们童年遇到困难时,听到的都是积极的、给人力量的话语,那我们今天可能也会使用这样的语言。

  我们下面马上就会告诉大家,当家长担心孩子的时候,怎样才能不发怒和避免暴力反应。但在这之前我们还想给大家看另外一个例子。这个例子特别有趣,因为一眼看上去,这不像一个会让人担忧的情况。马琳(38岁)给我们讲道:

  我的女儿安娜快5岁了,她总是啃指甲。我们住在一个小城市,邻居之间彼此都认识,因此,如果她当众这么做的话,我觉得尤其可怕,我真的会发脾气。现在我一发现她这么做,就会烦躁地把她的手从嘴里揪出来,我总觉得有一种冲动,想要威胁她,把她的指甲剪得特别短,这样她就没法儿啃了。或者我向她做出承诺,如果她不再啃指甲,等指甲长长了,就给她抹上特别漂亮的指甲油。有时候我也会问她,她也保证过不再啃指甲,可为什么又啃了?她无法向我解释,但是也停不下来,不管我怎么说、怎么做。

  在与马琳对话的时候,我们发现,她觉得安娜啃指甲的行为说明孩子有心理问题。不知道什么人告诉过她,啃指甲的孩子经常有恐惧症或者抑郁症。从那以后马琳就再也坐不住了。安娜啃指甲的时间越长,马琳想让她停下来的各种尝试越是没有结果,马琳就越是担心安娜的心理健康。这种担忧启动了马琳大脑中的攻击机制。因为妈妈找不到解决女儿所谓的恐惧症的方法,同时她也感觉不快乐,因为看到女儿啃指甲她就会心生忧虑。因此马琳一发现安娜啃指甲就会发火，而且越来越按捺不住，因为她不想再担心。另外她还有一个担心，邻居会注意到她的女儿当众啃指甲，会觉得她的女儿有什么不对头。为了避免大家的口水，马琳就怒气冲冲地跟啃指甲宣战。我们经常能碰见这样的家长，如果孩子冬天拒绝穿外套，拒绝天黑时穿反光背心，或者骑滑板车时拒绝戴头盔，他们都会担心自己的孩子，而且会因此大发雷霆。家长生气，还因为孩子对家长的担心根本不在意。孩子会说出一些不值一提的理由：玩耍的时候外套碍事，反光背心不好看，等等。由此他们可能遭遇本来可以避免的危险。

所有这些例子都有一个共同点，那就是家长由于担忧自己的孩子才生气，尽管家长心里很清楚，孩子并不是有意让自己陷入危险，而且孩子的冲动有时会强于理智，这也是很正常的。尽管如此，家长在遇到类似情况时，还是无法做出理智的反应，他们会责骂孩子，用言语来伤害孩子，甚至动手打孩子，尽管他们是想做出关心的反应。今天大部分家长都不再打孩子，要做到这一点，家长要做到高强度的自我控制，对这一点我们十分赞赏。尽管如此，还是经常会有家长在担忧的情况下头脑发热去打孩子，大部分人也都知道他们不应该这么做，为了避免这种事情发生，我们在这里介绍一种方法。它来源于无暴力沟通法，被称作"沉默的自言自语"，很可能会对家长有所帮助。

怎么办？沉默的自言自语

家长与孩子之间出现危险情形时，大脑中会自动启动一些程序。如果能在内心经历这些程序而不说出责备的话，这就是"沉默的自言自语"。这种方法需要进行练习，但是肯定值得一学。最重要的一点是不要想着去压抑那些自动的反应，以及由此引发的冲动。我们要把可怕的想法和伤人的话先甩掉，然后才能充满关爱地面对孩子。我们应该有意识地采用"沉默的自言自语"法，让我们可怕的想法和言语只在自己的头脑中发生。托比亚斯看到自己的儿子跑过马路，他应该把孩子抱在怀里，闭上眼睛，想象一下自己冲孩子愤怒地大喊，然后打了他的屁股，等等。现实中，他应该什么都不说，而是沉默着把孩子长久地抱在怀里，直到他的冲动在内心消失。马琳看到她的女儿当众啃指甲，她可以把目光移开，把那些本来准备劈头盖脸责备孩子的话在她自己的头脑里说一遍，她可以在想象中把女儿的手指从嘴里揪出来，充满责备地指着她的指甲，把她所有的担心都在沉默中想象一遍。

也许你们会觉得，在想象中打自己的孩子很可怕，但确实有很多人有这种冲动，他们自己对这种冲动无能为力。有些专家认为，这种冲动是在童年产生的，大概他们的父母那时做出了这种反应，今天年轻的父母也会做出同样的反应，他们的冲动是从自己的父母那里来的。你们当然很愿意清除这种"遗产"，但是因为这是在很早的童年时期就植根在大脑里的，因此无法消除。我们也不能责备面对自己的孩子产生这些冲动的家长，但是每个家长都有义务克制这种冲动，并努力使自己不在自己孩子身上发泄这种冲动。在头脑中经历这种冲动是一种解决方法，它会挽救我们的孩子，使孩子免于挨打或者受到语言的侮辱，也会使他们为人父母时避免产生这些消极的冲动。如果能够通过"沉默的自言自语"来消除冲动，这样的父母就战胜了过去的"幽灵"，他们就会更好地、充满爱心地对待自己的孩子，就像他们所期望的那样。

　　如果孩子的年龄合适，家长也可以请自己的孩子来帮忙，让自己不说出那些愤怒的话。我女儿就是这么做的。当她察觉到我体内的"程序"自动启动了，她就会主动帮我摆脱这一困境，我也很感激她能这么做。我给她解释说，在有些情况下我会被自己的怒气控制，而这跟她无关。她自己发明了一句话，每次我冲她发脾气的时候，她都会冲我大喊一声："愚蠢的怒气！"一听见这句话，我内心的"程序"马上就结束了。"是啊，愚蠢的怒气……"我会垂头丧气地对自己说，然后坐下，深呼吸。大部分情况下，我的心情也会由此好转起来。

"我恨不得钻到地缝里去"

孩子当众大声哭喊、撒泼、又踢又踹，想让我们给他买糖或者玩具，这是在自立期经常发生的一个典型情景。这种情况让我们觉得特别难堪，我们浑身发热，满头冒汗，如果旁边的陌生人再投过来鄙夷的眼光，或者发出愚蠢的评论，那我们的紧张情绪就会变成过激反应，发泄在孩子身上。玛丽亚（24岁）讲述了她跟儿子的一次特别强烈的压力体验：

马克3岁半时，我跟他一起去游泳池玩儿。在他下水之前，我告诉他先等一下，因为我得把游泳圈吹起来，他马上就发起脾气，但是我没理他，因为我想，他只是有点儿激动，想要赶紧下水。对我来说，游泳圈很重要，因为水很深，有些危险。后来他又想吃一个冰激凌，我跟他说不行。他马上就开始大喊大叫，还打我。他想用这种方法来说服我去给他买冰激凌。这是不可能的，所以我就跟马克说，游泳到此结束了。他当然喊得更厉害，而且拒绝回家，怎么也不走。我拽着他的胳膊到了更衣室，他一路上大喊大叫，而且声音越来越大。我们俩在游泳馆上演了一出闹剧，其他游泳的人都盯着我们。"根本管不住他""典型的年轻妈妈,能力有限""这种事在我身上绝不可能发生!""小家伙真会演戏"等等,他们的这些想法都写在脸上。我真是感到不好意思,替我的儿子感到羞愧。本来我想在更衣间安静地跟马克谈谈,我想跟他解释,为什么他这么做是不可以接受的,为什么他不能吃冰激凌。但是我们根本就没法儿谈话,他一直像发疯了似的大喊大叫,从更衣室喊到车上,回到家还没有停下来。还不止这些,他还不停地打我,还边打边喊:"哎哟,你这个蠢妈妈!"可是我根本就没动他一个手指头。我觉得自己真是失败,就因为我没有给他买冰激凌。后来我真生气了,就把他关进了他的房间,一天都没让他出来。我就是不想再看见他。我坐在客厅哭了起来,因为整个事情让我太难受了。如果我说不买冰激凌,他接受了,不就没事了吗?那我们肯定一天都在游泳池玩儿得开开心心。现在他大喊大叫,把一切都搞砸了。我当时只觉得自己一定要坚持,但是这一坚持耗费了我巨大的精力,给我留下了不愉快的感觉。

当妈妈拒绝给孩子买冰激凌的时候,孩子就很失望,并且大声表达了他的失望,这种举动和他的年龄是相称的。失望会像身体疼痛一样,激活大脑同样的区域,所以孩子因为小事情就大发雷霆,并不是什么奇怪的事情。马克很失望,就哭了起来,但是他的失望并没有得到妈妈的同情,而是被责备。因为他大声哭喊,不能克制自己,因为他让妈妈在别人面前丢了脸,他的妈妈希望自己在别人眼中是一个有能力、会管教好自己孩子的人,但是她的这个需求没有得到满足。这使得玛丽亚感到很不好意思,她觉得别人都在观察她、评价她,她只想离开这里,离开别人的视线。玛丽亚不想当着别人的面教育自己的儿子,因为她不敢肯定她跟马克说的话会有效果,因此,她想先去安静的更衣室里,在那里和儿子说清楚问题所在。如果马克在更衣室里安静下来,她也许会带着他再次到游泳池里,但是马克不但没有安静,反而喊得更加厉害。

在玛丽亚看来,别人怎么想对她很重要。因此,她对儿子马克的需求不管不问,对他的失望视而不见,但是马克需要的正是同情。他想要妈妈也觉得,不给他买冰激凌是个愚蠢的决定。他想到冰激凌就很伤心,没有别的什么。但是他的失望情绪再次受到了惩罚,他妈妈说,他们现在马上就回家。这对孩子来说更是双倍的、三倍的打击,因此他的哭声更大了。不但冰激凌让人失望,在游泳池玩儿也没戏了,这真是雪上加霜啊。玛丽亚想离开是为了避开别人的目光,这一点马克可不清楚,马克太生他妈妈的气了,所以无法平静,因为妈妈的惩罚从他的角度来看是不公正的。妈妈不能安静地跟儿子谈话,对儿子更加生气。本来妈妈带他一块儿来游泳池玩儿,不是已经够好的吗?带着这些消极的思想,妈妈的决定更坚决了,真的现在就要回家,而且事情还没完,因为马克认识不到他自己的问题,还是一直发怒,回到家之后,玛丽亚就把他关了禁闭,让他闭门思过。最后成了儿子在屋里发作,妈妈在门外哭泣,因为她也被吵架弄得筋疲力尽。

整个情况越来越升级,因为玛丽亚无法在别人面前保持她是好妈妈的形象,感觉是马克让她在众人面前丢了脸。许多妈妈都会这么想。这时我们应该自问一下,我们是不是把优先级搞错了?陪伴我们的孩子经历失望的情绪，并且告诉他们，产生这些情感、表达这些情感是没有问题的，难道这不是更重要的吗？可是我们并没有这么做，而是伤害了自己和孩子之间的关系，只是为了在完全陌生的人的眼中保持美好形象。

遗憾的是，这种现象在整个西方社会都很常见，大家几乎都不会注意到这一点。这主要是因为非常多的成年人在他们人生的头几年都有过类似的经历。作为孩子，他们无法完全展示真实的自我，展示自己的方方面面，没有得到自己家长无条件的爱，而是终生都需要外部的肯定和他人的首肯。孩子显示自己的本真，却得不到家长的肯定，就会产生自卑感和自我怀疑。家长总是想按照自己的愿望去塑造孩子，即使是从良好的意愿出发，也妨碍了一个健康自我的形成。这些孩子即使到了成年时期也倾向于去满足其他人的期望，以求得到他人的肯定，做别人眼里的好人。汉斯–约阿西姆·马茨对这种现象的描述特别到位："每个有自恋障碍的人都特别容易受到伤害，这是他们的致命伤。他们对外部的肯定有一种依赖，这使得他们高度敏感。由于自我价值不能够从本身得到体验，就需要外部的肯定。……内心深处不存在的东西，就需要从外部引进。但是这一切外来的东西都像伪钞一样，并不能真正发挥作用。童年时爱的缺乏，无法被填补，无法被抹掉。自恋者对于他人的肯定有一种强迫性的依赖，所以很难真正地根治。"[1]

当然，我们并不是说，所有的家长都患有病态的自恋障碍，只有依赖

---

[1] 汉斯–约阿西姆·马茨：《自恋的社会：一幅心理地图》。

外人表扬才能发挥家长的作用。但是如果孩子在成长过程中必须符合家长的意愿，如果淘气，家长会用拒绝表示爱意来惩罚他，这样的孩子经历过爱的缺乏，很可能导致他更加依赖别人积极的看法。而那些有着健康的自恋心理的人，他们可以以真正的、本真的自我成长起来，就不大会出现对外部肯定的依赖。别人说什么对他们来说无所谓，因为他们根本没必要去跟那些人较量，而是可以自主做出决定，他们的哪些行为是正确的，哪些是错误的。

但是，社会的外部压力根本不是主要问题，反而是内部的压力让家长怒火中烧。"要当好孩子，别人才会喜欢"，这是一种通过长期的教育造成的内心压力，它让家长在遇到这样的情景时变得焦虑，而且很难摆脱这种焦虑的状态，因为对于外部良好评价的追求，已经深入骨髓。但是也有一种方法，使用这种方法起码可以让人事后更明白，为什么这样一个情景会激发家长的过度反应。家长对自己了解得越深，就会给予别人越多的同情，在紧急状况中就会更容易慎重地对待孩子。

怎么办？回到过去

我们的方法是，等事后自己平静下来，对压力情境进行一次思考，再次体验当时的怒火，然后让自己的思绪回到过去。这种时间旅行并不是有意识地去回忆某个特殊的情境，而是一种自由的联想。我们到达的第一站往往是孩提时代的愤怒的情感记忆。这种记忆在过去存储起来，我们现在再次体验到它。第一眼看上去，当时的情景跟今天的可能毫无关联，但是常常会有助于我们摆脱怒气。

玛丽亚——游泳池例子里的妈妈——就运用了一次这个技巧。她对儿子有一肚子气,这时候她闭上眼睛,回忆自己的童年。她想起的第一件事是跟奶奶一起坐有轨电车。那时候她大概4岁,她很爱她的奶奶。那一天,她坐在有轨电车的窗边,看到一只苍蝇,她很灵巧地用手抓住了那只苍蝇。她很自豪地想给奶奶看,但是奶奶一脸恶心地喊道:"真恶心!小姑娘可不应该这么做!"然后用手绢把她的手擦干净。小姑娘羞得脸都红了,老老实实地坐回她的座位上,把手乖乖地放在腿上。这个故事看起来跟玛丽亚和儿子在游泳池边遇到的情形相差甚远,但是,这是解读玛丽亚怒气的一把钥匙。当时有轨电车里的小姑娘想要通过灵活的运动机能获得认可,但是奶奶却不由分说地对她讲了一堆羞辱、责备的话以及社会惯例,小姑娘当时需要的是同理心、安全感以及认可,可是她并没有得到这些。要想给予小姑娘成年的自我这些东西,可以在事后通过想象的对话来实现。而最先在她头脑中冒出来的话是最重要的。

成年的自我对童年的自我说:"奶奶的反应是不是让你吃了一惊?你是不是希望她做出另外的反应?"

童年的自我说:"是的,我以为她会觉得我能抓住苍蝇很棒,这是我第一次成功用手抓住苍蝇。但是她说小姑娘可不应该这么做。"

成年的自我说:"如果你做了小姑娘不应该做的事情,你是不是害怕她就不爱你了?"

童年的自我说:"是的。"

成年的自我说:"我可以想象奶奶脑子里是怎么想的。现在注意,我代替你来问她,奶奶,您是不是担心您的孙女,因为她特别调皮、特别疯,还喜欢剪短发?"

奶奶说:"是的,这让我担心,也许她以后不会成为一个真正的女人。我可不想让她长大了变成'女汉子'。"

成年的自我说:"那您是希望好好教育她,给她看看一个小姑娘应该有怎样的举止,这样就可以防止她以后变成'女汉子'了?"

奶奶点点头。

成年的自我说:"我很了解这个孩子,我可以告诉你,她感觉自己是个彻头彻尾的小姑娘,尽管她喜欢爬树、踢足球,不喜欢穿长筒袜。她可以做所有这些事情,但她仍然是个小姑娘。我也知道您的反应伤害了她,她想要您为她自豪,因为她用手抓住了那只苍蝇。"

奶奶说:"我确实觉得这很了不起,但是我不能跟她说。如果我因为抓苍蝇表扬了她,有轨电车里的人会怎么看?"

成年的自我说:"如果有可能,您现在想对您的孙女说认可她的举动吗?"

奶奶又点点头:"孩子,你能做到这一点真是了不起。我虽然不能公开表扬你,但是我还是很赞赏你的力量、你的敏捷,而且你不用去担心别人怎么看你。"

成年的自我对奶奶说:"您的孙女担心,她如果举止不像小姑娘,您就不爱她了。"

奶奶说:"这是什么话!不管她做什么,我都会满心地爱她,我以为她知道这一点。"

成年的自我说:"您今天还能直接跟她说吗?"

奶奶对童年的自我说:"没有什么东西能阻止奶奶爱你。"

当玛丽亚接着联想到跟儿子在游泳池玩儿的情形时,她就不再感觉有那么难以遏制的怒气了。她更清楚地认识了自己在争执过程中所扮演的角色,也能更好地理解儿子的心情了。

家长在遇到孩子在公开场合反抗的情形时,能明白自己为什么做出那样的反应,这一点至关重要。我们一定要明白,孩子的行为只是怒气的激发者,而不是怒气产生的真正原因。也许这样的认识不能让我们完全放松地对待这些情形,但是会让我们觉得事后道歉更容易一些。我们可以真诚地对孩子说:"孩子,对不起,我冲你大喊大叫了。我真希望自己刚才没这么做。我做得不对,如果别人心里想,我不是个好妈妈,我会觉得很难受,但是这跟你没有关系。你还是个孩子,还需要练习控制自己的情绪。我已经是成年人了,但有时候还是控制不住自己。我觉得我也需要练习。"这就是我们往正确方向迈出的重要一步。

给"熊孩子"家长定制的翻译助手

如果孩子给我们一个"气人"的回答,我们做家长的当然就受到了伤害,并且发起火来。因为我们的命令或者禁令通常都是经过深思熟虑的,可惜孩子并不了解我们说"不"后面的好意。

流行不衰的气人回答

如果孩子给我们一个"气人"的回答，我们做家长的当然就受到了伤害，并且发起火来。因为我们的命令或者禁令通常都是经过深思熟虑的，可惜孩子并不了解我们说"不"后面的好意。而且即使我们一再解释，他们也会觉得我们的禁令是很愚蠢的。这时候他们会甩给我们几句话，让我们怒火万丈。因为这些话往往很直接，所以很伤人。我们可能会觉得，自己不招孩子待见了，害怕这种气人话后面隐藏的可能是更深层的关系危机。安可（35岁）给我们讲述了她和女儿之间的一次相互伤害的经历：

拉雅现在4岁了，如果有什么事不顺她的心，她就会特别气人。最近就有一次，晚饭做好了，我们要吃饭，让她把电视机关上，可她一下子发作起来。她怒气冲冲地朝我喊"傻妈妈，臭妈妈"，而且坚持要继续看电视，并且不停地说："就是要看！我就想看！"然后走到电视机那儿，明目张胆地又把电视机打开。我想跟她解释，看电视时间太长不好，但她根本就不听，而是朝着我喊："啰里啰唆！啰里啰唆！"并不断打断我的话。这种表现我可不能容忍。

显而易见，这些气人的回答就像不听大人的话或者挑衅一样，是孩子使用的一种方法，他们想告诉我们某些信息。很遗憾，这种方法往往选择不当，常常造成对别人的伤害。产生这种伤害的主要原因是，我们当时会有一种感觉，孩子对我们这些家长没有足够的尊敬。因为我们也没有学过更好的应对方式，我们对这种情绪所做出的反应大部分情况下也是伤人的。但是如果我们的孩子说"傻妈妈"，他们到底是想表达什么呢？我们找出了一些孩子经常甩给家长的侮辱性的话，并试着来翻译它们。我们也对家长通常的反应进行了分析，并且思考了这些反应在孩子身上会有什么效果。我们还提供了一些回答的建议，这些回答也许更合适，可以帮助大家脱离相互伤害的怪圈。

在这里我们还想强调一下，我们举这些例子并不是想责备任何人，或者使大家感到不安。如果你们在家长说的话里发现了自己的声音，也不用因此就绝望。每个家长肯定都说过类似的话，就连我们自己偶尔也会冒出一句不过脑子的话来。我们的意图是，让大家敏锐起来，多加注意，有些话说出来是一个意思，到了接收者那里有可能会变样，而这些话并不是有意来伤人的。我们作为家长应该更谨慎地使用语言。如果我们给孩子做出榜样，他们也会学着使用无暴力的语言来跟别人沟通。

"啰里啰唆，啰里啰唆"

家长对这句话的理解是："你爱怎么说就怎么说，我反正不听。"

孩子真实的意思是："你说得太多了，妈妈，我已经明白你的意思啦，知道你想让我怎么做，可你还说个没完。请别说了！我已经受不了了，就差冲你发脾气了。为了在你面前能保住自己的脸面，或者至少显示一丁点儿自主，我现在说'啰里啰唆，啰里啰唆'，这样让你也难受一下，就像我难受一样。"

家长这时候回答："你小心了！你最好别这么跟我说话！"

在孩子的耳朵里，这句话的意思是："如果你再这么干的话，我就不爱你了。你是不是想这样？"

这时候，家长最好这样回答："我可能说的有点儿多，好吧，确实是这么回事。我刚才只是觉得卫生间搞得太乱，有点儿生气。但是我现在要深呼吸，数到十，也许我会感觉好一点儿。你想我们先一起读一本书吗？然后咱们再一起收拾卫生间，好不好？"

为什么要这样说呢？孩子在对家长的行为做出反馈和有所反应方面都是"大师"。因此，我们建议家长认真倾听孩子的话，如果孩子堵上耳朵冲你说"啰里啰唆，啰里啰唆"，大部分情况下，确实是因为家长说得太快、太长或者声音太大。孩子的这个回答当然很不礼貌，但是随着年龄的增长，这一点会有所改善。因此，遇到这种情况，家长最好在心里退一步，从外部来观察这个情形：孩子指责我们、批评他们，这真的很可怕吗？也许我们会发觉，孩子是对的。我们的责备有些过分，或者不公正。那我们也应该把这一点告诉他们，必要的时候向他们道歉。

家长也可以用一个有趣的方法表示自己明白，是自己的反应过火了。那就是把整个情形倒回去，就像重放电影里的某个镜头一样。在真实的生活中，我们可以对孩子说："等一下，刚才不太对头，我希望我刚才没有那么说。等一等，我现在就回去再试一下。"家长可以像演戏一样转转眼珠，发出倒带的声音，退着走出门外，等一分钟，然后完全正常地走进来，对刚才的情形做出另一种反应。

"傻妈妈，臭妈妈"

这句话在家长听来是："我恨你，因为你禁止我这么做；只有你允许我这么做，我才爱你。"

孩子真实的意思是："我听到你说'不'了，我很生气。这时候我觉得你特别傻，我希望你跟我说'是，可以'。我恨我还这么小，不得不听你对我说'不'。你总是阻止我和我的愿望，这让我觉得太愚蠢了。尽管如此，我还是爱你的。"

父母这时候回答："笨家长养出笨孩子。笨家长晚上睡觉前不会讲故事。"

在孩子耳朵里这句话是："你自己也是个臭孩子。你冲我这么说话，我一点儿都不喜欢你了，而且我也不再给你讲睡前故事了。"

这时候家长最好回答说:"因为我说'不',你生我的气,这我可以理解。我仍然坚持我的'不',但是我理解你的怒气。"

为什么要这样说?孩子还没有掌握足够的词汇量来表达他们的失望,他们可能只会说"傻妈妈"。如果成年人也用伤人的话来回答他们,那就太幼稚、太不合适了。毕竟我们在生活中已经学到了,以牙还牙是不会让情况好转的。如果我们能把孩子伤人的话翻译一下,我们就能帮孩子在以后用另一种方式来表达他们的气愤。我们成年人同时也表现出了对孩子的怒气的理解,让他们明白,所有的感情都是允许的,但是我们的拒绝态度仍然很明确。这样孩子就不会把这个方法作为成功的例子存储起来。

"你不是我的朋友了"

这句话在家长听来好像是:"如果你不允许我做这件事,那我就不理你了。"

孩子的意思本来是:"我真生你的气,所以我对你发出了最高级别的威胁。当然,我想要你继续做我的好朋友,但是我不知道怎样才能表达。我刚才真的很伤心,因为你禁止这么做。我很失望,特别特别失望。"

家长这时候回答说:"我也不用做你的朋友,我是你妈妈!"

在孩子听起来这句话是说:"呵呵,你这样说,我根本不生气。我没觉得你是因为我给你设限制而生气,我听见的,只是你想伤害我。所以现在我也伤害你,你生我气了,想不理我,根本没门儿,我是你妈妈!而且一直是你妈妈！一直会给你设限制！没辙了吧？因为妈妈和朋友根本不是一回事。"

家长更好的回答是："好的。"（最好关爱地看着孩子，给他发出信号，表明自己明白他很生气。）或者说："哎哟，你真生我的气了！"

为什么要这么说？因为谁来当他的朋友，谁不是他的朋友，是由孩子自己来决定的。妈妈也可以做他的朋友，但是在这一时刻，孩子不想要妈妈当朋友，妈妈要接受这一点。如果孩子跟你断交，你就觉得受到了侮辱，这表现就不太像成年人了，而且这里说的断交本来就是别的意思。家长最好在这时给孩子做好榜样，孩子就会学着去处理这种情况，比如幼儿园的小朋友要威胁跟他断交的时候。家长只需要看清楚孩子粗鲁举动的真正内涵，其实就是一秒钟的情绪，激动地说出了一句不假思索的话，转头可能就忘掉了。家长要拿平常心来看待这种情况，也让孩子知道，他们不必害怕说出这样的话，家长会从容地接受这句话，并且等到他们的感情风暴过去为止。

"我就是不这么做，算你倒霉"

在家长的耳朵里，这句话的意思是："你根本别想命令我。你爱怎么说怎么说，我不会听你的。我爱干什么就干什么。去你的。"

孩子的真实意思却是："你要看一看，如果我想做某件事却不能做，我是怎样的心情。现在你想让我做一件事，却达不到目的，这样你就可以明白，遭到拒绝是什么感觉。我对你说完了这句话，就感觉自己不是那么任人摆布了。"

家长这时回应道："如果你不照着我说的做，那你马上就会倒霉。"

在孩子的耳朵里，这句话的意思是："我权力比你大得多，如果你不立刻照我说的做，我就会行使这种权力。最好别等到这种时候，你明白啦？"

而家长应该选择的回答是："是啊，如果你现在不这么做，那我可真就倒霉了。我不想强迫你，但是我觉得刷牙很重要，因为我担心你的牙会被蛀出洞来。你觉得我们两个应该怎样应付这种情况呢？你有主意吗？"

为什么要这么说呢？对家长来说，承认自己无能为力，又不想使用压力手段，这并不是什么羞耻的事情。然后家长可以给孩子解释清楚，为什么他要孩子这么做。也可以请求孩子来帮忙解决这个难题，共同寻找一个答案。这时候，人们经常能找到让人惊奇的、易于操作的解决方案。

让我们再看一下安可和拉雅的例子。4岁的小姑娘应该把电视机关上，因为妈妈要跟她共进晚餐，她却发起脾气来。孩子都特别喜欢看电视，他们因为故事而着迷，总想再看一集新的故事。我们成年人也是如此，比如我们追剧的时候，也经常跟电视机难舍难分："来吧，再看一集吧……"我们也经常会这么想，常常还会因此熬夜。但是如果我们电视看多了，前额叶，也就是我们大脑的理性部分就会变得懒洋洋的，突如其来的、超量的需求满足让它无法招架，无法与大脑中懒惰的基本系统相抗衡。用形象的话说，它在电视前面睡着了。与此同时，我们的冲动控制也消失了，因此我们很难克服自己的惰性，从沙发上站起来去洗漱上床。这种现象也解释了，为什么在前面例子里，妈妈关掉电视机时，小拉雅会打妈妈。拉雅的前额叶在这个时刻也是懒洋洋的,当她不能再美美地看电视的时候,她的怒气就会引发攻击性冲动,而前额叶无法让其平静下来。

就连她说的"傻妈妈,臭妈妈""我非这么干""啰里啰唆,啰里啰唆"这些话,都是不受控制的攻击性的表达。最终她的话所包含的意思是:"我不能看电视了,所以很失望。而且不想听妈妈的解释,因为我不想在失望的时候又被教育一通"。她自行去打开电视机,这是一个想要保有她个人决定权的绝望举动,这个行为翻译过来就是:"我自己不能决定看多少电视,我真恨这一点。我想给你看看,我认为我已经长大了,可以自己做决定了。"具有讽刺意义的是,恰恰是她的这种自行开电视的行为,暴露了她还不够大,无法自己做出决定,因为她还没有能力自觉地停止看电视,如果情况需要这样做的话。因此,安可坚持要把电视机关上,尽管女儿反对这么做。安可这么做是对的,因为在这种情况下,家长必须行使"保护性权力"。虽然我们赞成孩子应进行自我调节,不管是吃饭、睡觉、上厕所,还是选择穿什么衣服。但我们也认为,孩子的大脑由于上面描述的那些特点,还不能够对看电视的时间进行自我调节。当安可明白了为什么拉雅看完电视会打她,还冲她说气话,她再碰到相似情况时,就会更加从容,因为她自己不会再生气了,她可以理解女儿的失望,并且做出有同理心的反应,同时又坚持已经设定的界限。

嬉皮笑脸常常表示对不起

通常，我们人类对对方微笑是因为我们感到快乐，想要表达我们的喜悦。所有的人，不管文化背景和语言如何，都会在美好的时刻微笑，这有助于产生平和的气氛，让人放下戒心。行为研究者伊雷瑙斯·艾贝尔-埃博斯菲尔德在1970年就已经发现了这一点。但是有时候美丽的真心的微笑也会变形成一个令人不太舒服的嬉皮笑脸。扬（45岁）在他儿子米卡（4岁）身上就经历了这一点：

我今天特别忙，回家了又有好多事情要做。米卡在幼儿园放学之后应该自己玩儿一会儿，这样我就能很快把晚饭做好。但他一直在沙发上跳来跳去，我告诉过他，他不应该这么做。我又友好地提醒了他几次，但是他还跳个没完。我的音量就调高了，但是他也没有停下来，而是嬉皮笑脸地看着我。这时候，我忍不住了，把他批评了一通，抓着他的胳膊，把他从沙发上拽了下来。我可不喜欢这种嬉皮笑脸。

笑是一种非常古老的安抚表情，不是为了让对方发怒，而是想要缓解气氛，这是进化的结果，今天在猴子身上还能很好地观察到。当与人类相似的灵长类，比如狐猴或者恒河猴，露出它们的牙齿，那是一种真正表示谦卑的表情。在一场争斗中，如果较弱的那个猴子撤下阵来，它通常会咧嘴一笑，以此来表示它认输了。狒狒甚至还有一种真正的安抚仪式，它们会鞠躬，向对方撅起它们的屁股，大声地咂嘴，并且咧嘴微笑，就是向对方发出信号："对不起。"孩子和成年人都会有类似的举动，如果我们发现孩子正在做我们不让他做的事情，或者他刚有了一些挑衅行为，我们责备他，他就会冲我们嬉皮笑脸。因为他意识到自己做了一些不被允许的事，惹怒了我们。很可能他对我们的反应也有一点儿害怕，因为他不想因此失去我们的爱。像猴子一样，孩子用一个笑脸来表示，他们明白自己甘拜下风。但很遗憾，这并不一定表示，他们会自动停止他们的行为。因为孩子在进行挑衅式的行动时，通常是为了引起人的注意，比如他感觉到他对我们来说变得不再重要了，或者他今天要配合我们的事情太多了，他就会被这种感觉驱使，做一些傻事，想要引发我们做出某种反应。通常他想用嬉皮笑脸表达："对不起，我惹毛了你，但是我也不知道应该怎么办。你能不能倾听一下我的心声。"

上面例子里的米卡不停地在沙发上跳来跳去，实际上是想说："爸爸，咱俩一天都没有在一起啦。在幼儿园的时候我就得自己跟自己玩儿，现在你又要我这样做，我想跟你玩儿一会儿。先别做那愚蠢的晚饭了，先跟我到沙发上来玩儿一会儿吧。"他的嬉皮笑脸表明了他完全是知道规则的，而且是有意地破坏规则。但是他为什么破坏规则，他可不太清楚。他只有一种模糊的感觉,他本能地听从这种感觉。他的嬉皮笑脸还有抱歉的意味。从进化的观点来说,有意识的挑衅并不属于儿童通常的行为范围。孩子无缘无故地反抗家长是没有任何意义的,因为他们毕竟是通过不适当的行为激怒了那些保障他们生存的人。

因此,事后跟孩子讲一讲,他们的行为对别人会产生什么效果是很重要的。发怒的家长可以告诉孩子,他们的嬉皮笑脸让人生气,比如扬可以发出感叹:"喂,你这么冲我嬉皮笑脸,我会生气的。我会以为你想让我发更大的脾气。我真想冲你大喊大叫,我真是受不了了!"米卡听了爸爸的话,可能会明白一点儿前因和后果,以及成年人的感情世界。当家长把怒气有控制地发泄出来之后,他们还可以运用一个放松技巧,这样孩子就能学到更多。比如扬可以说:"让我深呼吸一下,数到十,这样也许我能更平静地跟你说话。"这样米卡就看到了,怎么样能够平息自己的怒气,而且这是一种被社会认可的方式。当心情平静几分钟之后,成年人就可以心平气和地来评述当时的情景,扬可以跟他的儿子解释:"我不想让你在沙发上跳来跳去,这一点你清楚,我总害怕你摔下来,会撞到桌子上。我想让你自己玩儿一会儿,这样我可以做晚饭,但是我发现,你现在根本不能自己玩儿。那来吧,让我们先亲热一会儿。"爸爸这时可以全心全意地面对孩子,当孩子被关注的需求得到满足之后,他就可以专心致志地做晚餐了,甚至可以跟米卡一起做晚餐。

"我想让他干什么,他就是不干"

最能让父母怒火中烧的事情,是孩子根本不听话。我们是他们的父母啊,我们应该说了算,孩子应该相信我们的先见之明,毕竟我们过的桥比他们走的路还多。只可惜孩子不这么看,他们会接着干我们刚刚禁止他们做的事情。有时候,是因为他们并没有真正明白我们发出的禁令,这一点我们已经解释了。另外还有一种情况,一个孩子的大脑已经能听明白有"别"字的话,但还是不听话,而且我们怎么说也没有用,这又是一种什么情况呢?尼古拉(28岁)跟她的儿子经常会碰到这种情况:

本恩4岁了,本来是一个很可爱的孩子,尤其是在外人面前,他是世界上最乖的男孩,我从来没有听人抱怨过他,不管是幼儿园老师还是他的奶奶,因为我工作的时候,他每周有几个下午要去奶奶家。正因如此,他不听我的话,我就觉得更严重。而且每次总是同样的情况,比如我从幼儿园接他回家,我想跟老师聊几句,但是根本就不行。本恩马上就会插到我们中间,他大声嚷嚷,拽我,开始捣乱。我根本说不了话。我跟他说,他应该停下来,但是他一如既往。我跟其他成年人说话的时间越长,他越是捣乱得厉害。最后他找到了一个箱子,里面装满了小球,我跟老师说话的时候,他就从衣帽间里拿小球砸我。我跟他说了三次他应该停下来,但是他只是对我嬉皮笑脸了一下,然后接着扔。这可不行!但是不管我怎么说,他就是停不下来,好像他压根儿对我说的话充耳不闻。

如果4岁的孩子在某些特定情况下故意捣蛋，不听家长的话，通常他们很清楚自己在干什么，因为这时候他们基本已经能够转换成父母的视角，也就是说，可以感觉到他们的行为会使别人生气。因此，在他们的行为背后，肯定有一个十分强烈的动机。让我们再来仔细看看本恩的情况。第一眼看上去，好像确实是这个4岁的孩子不听话，而且他的做法很调皮，因为当妈妈让他停下来的时候，他不仅不停下来，还有意地挑衅，朝妈妈扔球，还冲她嬉皮笑脸。为什么他会这么做呢？

当尼古拉去接孩子的时候，孩子已经筋疲力尽了。他一整天都在配合大人按照规则来游戏，他不参与其他孩子的争吵，他听老师的话，他已经竭尽全力做好孩子了。对他的年龄来说，这是一个很了不起的成就。但是大人往往把这看成很正常，所以并不因此就表扬他。这样过了一整天之后，孩子真是筋疲力尽了，他无法再约束自己，他需要休息。这时候他妈妈来接他，他马上就可以休息了，他只需要赶紧穿上衣服，然后就可以到游乐场上大喊大叫、尽情奔跑了。但是尼古拉并不着急，她还想跟幼儿园的老师说一些"大人的事情"。这对本恩来说要求就太高了，他无法再压抑自己的能量，就用调皮捣蛋对大人发信号。嬉皮笑脸在这种情况下是一种无意识的道歉，它显示了本恩实际上知道自己做的事情是不对的，但是又不能停下来。

当孩子总是要配合大人，他们的身心都耗尽了能量时，他们就会使用一些无意识的方法来发泄。这是孩子很典型的做法，其实在大人身上有时也能看到这一点。比如有一个活动很无聊，听众可能会突然乱起来，有些人会在椅子上扭来扭去，把纸张弄出哗啦哗啦的声音，或者开始吃东西，彼此小声交头接耳,有些人还敢站起来走出去。这种做法从形式上虽然更符合社会的要求,但从根本上来讲,和孩子的行为是一样的。人坚持不下去了,需要休息。心理学家罗伊·鲍迈斯特把这种现象称为"自我耗尽",就是自我变得筋疲力尽的意思。这时,前额叶掌控的自我控制暂时不能发挥作用,因为在这之前它已经超负荷工作了。家长在工作了一整天之后,晚上也容易发脾气,而周末和度假的时候脾气就好得多,也是这个道理。因为下班之后,我们的自我控制能量已经耗尽了,我们就更容易发火。孩子在他们的能量耗尽时,大部分采用一种傻里傻气、大喊大叫的方式来发泄。大自然就是这么造就孩子的,他们的这些方法当然不太有利,因为我们这些无知的成年人面对这种情况时会感觉自己的权威受到了挑战,基本上都会发火,而且会强迫孩子继续听话。可惜在人类进化的过程中,我们并没有发展出一种清楚的信号标志,给对方展示我们行动的原因。比如,要是我们眼睛的颜色会随着我们的心情变化,那得多好啊。如果我们的眼睛变成棕色,就说明我们累了,紫色的眼睛说明我们内心怒火中烧,绿色的眼睛则表示情况让我们感到有压力,等等。但是大自然并没有赋予我们这些能力,因此人与人之间经常会产生误会。本恩的行为其实是想说:"请赶紧停下,我觉得不舒服了!"

这时候,家长有一个正确的和一个错误的行为方式——我们很少这么说,但是这种情况下确实如此。在这种情况下,我们应该对孩子这种不太巧妙的行为方式做出积极的回应,这一点是很重要的。我们可以先看看,如果尼古拉用传统的方式对孩子施加压力,会发生什么样的情况?可能她会责骂本恩,告诉他应该小声点儿,并且威胁他,如果还扔球的话,她马上就把球拿走。孩子完全有可能不会停止捣乱，因为他的需求——需要休息和妈妈的关注——仍然没有得到满足。本恩很可能会更大声地喊，捣蛋得更厉害。妈妈则不得不使出更大的威力，才能贯彻自己的意志。也许她会说，禁止本恩看电视，或者威胁他，以后不再给他讲睡前故事了。这时候有一些孩子确实能够按大人的希望去做，他们会调动自己最后的能量储备来"好好表现"。家长则会把这看成他在教育上坚持不懈的成果，但事实却并非如此，这实际上是让孩子做出了超出他能力范围的事情，让孩子为了保有父母的爱而委屈自己。

其他的孩子没有能力去"好好表现"，家长或是威胁或是许诺给他们奖励，但是都不能让他们停止捣蛋，最终会导致情况升级。这时候，家长会责备孩子，孩子就会发作起来。这样一来，孩子的大脑总算得到了想要的休息，因为发作也会使压力得到释放，过后孩子觉得舒服了一些，他们又能做乖宝宝，又能听家长的话了。对大人来说，这样的危机升级其实十分消耗能量。家长时常会问自己，难道非得先发脾气，孩子才能听话吗？

不，其实并非如此。尼古拉也可以弄懂她儿子的行为背后隐藏的信息。她可以权衡一下，到底谁的需求更重要：是自己安安静静谈话的需求重要，还是本恩的需求更重要？她也可以中断和老师的谈话，并且跟老师解释，她的儿子现在大概需要她全心全意的关注，想出去玩儿一会儿，呼吸一下新鲜空气。本恩在室外得到休息之后，就又有能力配合大人，听妈妈的话了。这种情况下，他的大脑其实不用发作也得到了休息。

理智告诉我们，如果孩子有意激怒我们，我们还对他们表示关怀和爱，只会鼓励他们这种不当的行为。另外，数百年来，专家总是建议我们，对孩子的坏行为要么漠然置之，要么就严加惩罚，而对好的行为要进行奖励。

但是，如果对孩子的不当行为给予漠视或惩罚，实际上是一种治标不治本的做法。仔细观察就能发现，如果我们从小就告诉孩子，他们的好行为会受到奖励，坏行为会受到惩罚，也许有时候他们会更快地停止挑衅，但是从长远来看，他们和家长的"斗争"却比其他孩子激烈得多。惩罚和奖励是短期内能奏效的解决方案，但是背后隐藏的冲突并没有得到解决，而是一再被推迟了，推到明天、下个星期甚至明年，如果根本的问题一直得不到解决，双方都会停留在永远的权力斗争之中；或者其中一方放弃，说不定在什么时候会从感情上与另一方脱离关系。如果我们能正确认识孩子的挑衅行为，明白这是他们感觉不好时的一种表达，那我们就会积极地对他们表示关切，让他们尽快放弃这样的做法。在这么做时，大人不一定都要像参禅一样，表现得镇定从容，只需要找到明确的话语，比如家长可以说："我不喜欢你用球砸我，但是我感觉到你是想马上走，这是你给我的信号。来，我帮你赶紧把衣服穿上，然后我们去游乐场，在那儿你可以好好玩儿。"家长在这里开诚布公地谈论孩子的挑衅行为，并且对孩子这么做的原因做出猜测，这样就可以释放家长愤怒的情绪，减少爆发的危险。孩子不听话时，我们也不需要假装无所谓，我们应该让孩子感到，他们用这种方法只会惹出麻烦和怒气。只有这样，孩子的大脑才能正确地处理这种情况。家长需要注意的是，我们不应该怪罪孩子。孩子虽然发出了挑衅，但是这是因为他们没有更有效的办法表达自己的心愿，他们这时还没有掌握更容易被社会接受的方法。随着时间的推移，孩子会学到其他技巧，会用"更成年人"的方式来告诉家长他们觉得不愉快。我们就可以更容易地面对孩子真正的需求，并且满足这些需求。

"艾尔莎故意挑衅我"

故意挑衅是我们成年人觉得特别不能接受的一种方式，因此，我们的反应也就特别具有攻击性。如果很小的孩子打人、掐人，我们通常会原谅他们，因为他们的大脑还不成熟，不会用别的方法，但是如果一个大点儿的孩子有意地激怒我们，而且是明知故犯，那我们该怎么办？卡特琳（33岁，两个孩子的妈妈），给我们讲述了她遇到的一个棘手的情形：

我坚持不住了，真是不行了，我的女儿艾尔莎（3岁半）把我的生活变成了地狱。我忍不住要打她了。因为我不知道接下来该怎么办。她挑衅我，不停地挑衅我。每天晚上应该上床睡觉的时候，她就掐我、踢我，她不想睡觉，宁可大喊大叫地满屋跑。而我刚生完小孩，艾尔莎的小弟弟刚两周大，晚上她应该小声点儿，好让小弟弟睡觉。小弟弟要能睡着的话，我别提多高兴了，这样我就能跟艾尔莎玩儿一会儿，给她念书或者是跟她亲热一下，因为平时这种机会太少了。艾尔莎却不配合，相反她还捣蛋。她把花瓶弄翻，把抽屉里的东西都翻出来，把鞋扔得满屋都是，用彩笔在墙上画画儿，用剪刀把她的衣服剪烂。如果我阻止她，她就发起脾气，掐我，把我掐得青一块儿紫一块儿的。我应该怎么办？她都快把我气疯了。

面对孩子目标明确的、看似毫无理由的挑衅，我们成年人经常搞不明白问题出在哪里。如果孩子发出挑衅，还"听不进去话"，往往是因为他的力量在某种情况下已经耗尽了，就像前面例子里的本恩一样。有时候，孩子如果感觉家长不重视他，他也会挑衅、不听话。例子里的艾尔莎就是这种情况，要想把这一点讲明白，我们得绕得远一点儿。

在生活中，如果一个人感到自己被当作了集体的一员，并且是有价值的一员，通常他会感到很幸福。这是人存在的动力源泉。如果一个人没有家庭、没有朋友，没有人觉得他做的事情重要，他就会失去对生活的兴趣。科学家通过实验证明，这样的人会感到真正的疼痛，因为社会重要性的丧失会跟身体的疼痛一样，激活大脑同样的区域。而当一个人得到他人积极的关爱时，大脑就会自动地分泌幸福激素。神经生物学家以及心理治疗医生约阿希姆·鲍威尔曾经在他的著作《为什么我能感你所感》中提到，其他人发出的社会反馈会让一个人的大脑分泌产生幸福感的传递物质。他猜测，人类如果无法获得一定量的友好、关切的反馈就无法存活。事实上，神圣罗马帝国皇帝腓特烈二世所做的实验也证实了这一点。他想搞清楚，那些一辈子没有人跟他说话的孩子到底会说哪种语言。结果他没有找到答案，因为那些孩子很快就死了——因为乳母不和他们说话，他们没有得到乳母的爱。与世隔绝不但会让人心理上不愉快，甚至会危及生命。"被社会所隔绝，对当事人来讲，不仅是一种心理上的灾难，而且还会对生理方面产生影响。雅克·潘克塞普和托马斯·茵泽尔等科学家都已经向我们展示了，社会性的关爱会引起身体分泌重要的传递物质，其中包括自生的阿片类物质、多巴胺以及催产素。从这一点我们可以推测，人需要从周围的人那里接收一定量的回应，这是一种基本的生理需求，没有它，我们就无法存活。

我们可以想象一下，每个人的内心都有一个小罐子，这个小罐子里想要装满重视、关心和爱。如果我们做了一些让自己快乐的事情，无须别人的掌声，这种行为本身就可以把我们的幸福罐装满。如果我们从其他地方，比如家人、朋友或者同事那里得到反馈，他们就喜欢我们本来的样子，我们丰富了他们的人生，或者陌生人向我们表示，我们在无意之中做的一件小事使他们感觉幸福，这种反馈也会让我们内心的罐子一下子装得满满的，这种感觉我们可以简单地称之为幸福。如果我们的幸福罐满满当当，我们的生活就会变得简单，我们就可以轻松面对，毫不在意命运的打击或者与他人的冲突，甚至把它们变成积极的因素。

如果总是有一些情况，我们和我们的行为没有得到认可，那我们内心的幸福水平就会下降。到底是谁把我们的幸福感偷走了，其实没有关系，可能是我们的伴侣，由于他们自己身心俱疲，不再拥抱我们了；也可能是我们的孩子，他们每天早上都哭，因为爸爸已经上班去了，他们又不想让妈妈来安慰；可能是我们的上司，他们只盯着我们的错误，对我们的成绩却视若无睹；也可能是有轨电车里边那个漂亮的金发女郎，她觉得把放儿童推车的地方让给我们真傻，翻着白眼儿走开了；等等。我们的幸福水平就这样一点一点地下降，直到我们突然感觉自己毫无价值。这种感觉让我们很不快活，由于我们通常情况下并不知道我们缺乏重视和真正的关爱，我们的反应也就很"人性"——我们会听从一个无意识的冲动，想要摆脱这种感觉，把这种感觉转嫁给别人。我们会跟他们吵架，或者因为随便一件小事就跟他们拌嘴。我们会抱怨自己的伴侣，因为他忘了把牛奶放回冰箱。我们会对那个陌生的金发女郎充满讽刺地说"真得谢谢您这种友好行为"……我们的这种做法又会让别人的幸福罐空空荡荡，而且我们自己的幸福罐也不会因此又充盈起来。要想摆脱我们的坏情绪，有一个更好的策略，但我们大部分人都没有学过这种方法。非暴力沟通的发明人马修·罗森伯格认为："很可惜，大部分人都没有学会从需求的概念来思考问题。如果我们的需求得不到满足，我们会自动地认为别人做错了什么事情，因此我们会批评孩子太懒，因为他们把外套放在了沙发上，而我们想要让外套挂在柜子里；或者我们认为同事不负责任，因为他们没有像我们希望的那样完成工作。"①

  按照罗森伯格的理论，人们可能采取一些下意识的手段来装满他们的幸福罐。比如被丈夫冷落的妻子，因为丈夫不再拥抱她，她就可能会出轨，因为她需要与另外一个人的身体接近。这是不是一个聪明的方法，我们在这里不做讨论。也许她会买一条小狗，跟小狗亲热；或者她晚上会抱着热水袋上床，也可能她更多地跟孩子亲热，也许她能鼓起勇气跟她的丈夫谈这件事，告诉他，在日常生活中她需要他的温柔，也许丈夫会更加在意她的需求。这些方法都会或多或少地把空空荡荡的幸福罐装满。

  孩子也会发明一些方法，把自己的幸福罐装满。他们最常用的方法是有

---

① 马修·罗森伯格：《无暴力沟通：一种生活的语言》。

意地进行挑衅或者捣乱，来引起父母的注意。通常他们会尽自己所能与家长配合，如果他们的力量用光了，他们就开始无声地反抗。比如家长让他们做的事情他们不再立刻去做，或者干脆对家长的教导充耳不闻。这种反抗行为一开始比较弱，但实际上背后却隐藏着无意识的愿望，那就是希望家长能够关心他们。但是孩子在这么做的时候，并不会意识到自己为什么这么做。他们只是出于一种朦胧的感觉，也就是说，他们虽然有意挑衅，但并不是为了真的去激怒家长，而是在无意识之中想要得到他们的关注。这像是求救信号："看看我，跟我说话，我觉得自己对你来说不再重要了，这让我害怕。"

如果家长对这些轻微的挑衅报以友好关注的话，孩子的幸福罐就会又充满一些，在事情发展的过程中家长就避免了与孩子发生更激烈的战斗。只可惜我们面对孩子的挑衅，总是做出被激怒的反应。

那些认真阅读了上文的读者，立刻就会明白真正的问题所在：如果大人粗暴地或者用抱怨来回应孩子的挑衅，孩子内心的幸福罐会变得更空，他们更会觉得自己在家长的眼中不是好孩子，这就会形成一个恶性循环。这种感觉会促使他们用错误的方法或更强烈的方式来博取家长的关注，家长会更生气，结果是整个事情不断升级，直到双方完全对立起来。想让孩子自己找到出路摆脱危机是不可能的，因为他们还没有学会其他的方法。孩子依赖于父母的爱，这是遗传所决定的，如有必要孩子就会委屈自己来取悦他们的亲人，也就是说，孩子最后总会屈服。孩子也许会保证"重新做乖宝宝"，但是有一个想法会在他的脑子里扎根，那就是他并不是天生就好，就可爱，而是又坏又刁蛮，所以家长责备他是对的。而这会导致孩子内心的幸福罐总是空荡荡的。

我们再来看看艾尔莎的例子。她显然表达得很清楚，她感觉妈妈不再重视她了。当家庭中老二降生的时候，经常会发生这种情况。家长忙于应对新的状况，可是艾尔莎的幸福罐现在已经空了，她用尽方法来博取妈妈的关注：她在墙上画画儿、打人、掐人、不上床睡觉、大声喊叫、把弟弟吵醒等。在妈妈眼里，这些挑衅的行为好像并没有一个具体的原因。确实如此，她的行为并没有明显的激发者，因为是一种无处不在的不幸福的感觉让她这么做。其实孩子自己并不理解这一点，她只是感觉很不好，却不知道为什么；她让家长生气，也不知道为什么。她不可能知道这一点。她像很多孩子一样，想方设法地让父母关注她的痛苦，希望有人关心她，把她的罐子重新装满。

要想解决这个问题，我们成年人就需要出手，而且方法其实很简单。面对挑衅的孩子，我们一定要压抑自己的冲动，不能不理他们，而是要关注他们，对他们积极地表现出重视和爱意。当然，我们不需要每次都用整整一小时来全心全意关注他们，也不需要总是计划看电影、游泳或者逛市场这样的大行动。在一天之中，利用许多零散的时刻来表现我们的关注就足够了，比如，我们可以跟孩子一起坐五分钟，跟他亲热一下，给他念本书，或者是帮他穿衣服——尽管他自己已经会穿了。家长一定要传递给孩子这些关爱，即使孩子有时仍会挑衅，家长仍要随时随地、一有机会就额外给予他们关注。对家长来说，这可能在一定时间内有点儿麻烦，但是我们要想到，这些麻烦只是一时的，只要我们能持续地给予孩子积极的、充满爱的关注，那孩子的幸福罐就会渐渐地被充盈，挑衅行为就会自动停止。如果幸福罐装得很满，那每天只需要正常剂量的爱和关注就可以让大家和谐共处了。

在日常生活中，确实有许许多多的情况让家长生气。孩子在自立期会经常反抗家长，不按家长说的去做。他们好像对任何事都会横加拒绝，哪怕最小的细节都要跟家长讨论半天，或者哭鼻子，或者静坐示威，或者大发雷霆，才能接受家长的建议。我们大人其实只是希望平静、和睦地度过一天。我们怎样做，才能避免不断地在孩子那儿碰壁呢？面对经常出现的争吵，有哪些小方法和小技巧可以运用？在接下来的部分里，我们会对此加以详细的描述。

合作是个在建的工地

"孩子是愿意合作的。"家庭治疗师耶斯尔·卢尔在每次接受采访的时候都会很潇洒地甩出这么一句话。而这句话却让不少家长抓狂:为什么自己的孩子就是不愿意合作呢?没错,好像跟家长对着干是孩子脑子里唯一的想法!孩子把盘子从桌子上推到地上,在满是汽车的大街上跑开,或者早上起来怎么说都不愿意自己穿衣服。

如果出现这种情况,我们觉得是五个方面出现了问题:

1.家长对于合作的错误设想;

2.对合作的神经基础不了解,也就是说不知道什么时候可以要求多大年龄的孩子进行何种合作;

3.忽视孩子合作的愿望;

4.成年人内心期待的力量;

5.在无意之中很早就让孩子戒除了合作的意愿。

合作意味着为一个共同的目标有目的地协同工作。马克斯·普朗克科学促进会人类进化研究所的科学家是这样给合作下定义的:"除了彼此之间的相互理解，参与者还通过共同的目标紧密联系在一起。参与行动的人彼此商量他们的角色，给予对方支持也包含在角色的任务之中。"①

　　从这一点就能看出我们成年人对于合作的错误设想：我们大部分人都盯着一个具体的目标，比如我们想要孩子早上快快收拾好，以便能按时去幼儿园或上班。也就是说，我们想让孩子快快穿衣服，老老实实把牙刷完或者让大人把牙刷完，吃早饭的时候别磨蹭，这样大家就能和谐愉快地开始新的一天。读这几句话的时候，估计已经有读者觉得，这些愿望是多么荒谬，因为孩子在早上当然跟我们有不同的目标。孩子起床后的目标是，安安静静地在自己的房间里玩儿，什么时候想吃就吃一口东西，然后也许会穿上衣服，但这是为了在院子里继续不受打扰地玩耍。尽快去幼儿园根本就不是孩子的愿望，而家长要准时上班这一点，除非到了某个年龄，否则也根本不会成为孩子的主要目标。从孩子的角度来看，早上起来不合作的是我们成年人。

　　我们大人明白这一点很重要。我们无法指望孩子在上面的定义下进行合作，因为我们的目标和孩子的目标完全是不同的。事实上，是我们想要孩子在早上老老实实地听我们的话。在我们普遍使用的语言中，合作大多数情况下意味着孩子要做我们希望他做的事情，而且要毫无怨言，即使他正想干别的事情。

---

①恩格尔等：《组织：一个教育学的基本概念》。

薇薇安：我们高估了孩子的发展状态

家长有时候对孩子的合作有错误的设想，是因为他们高估了孩子大脑的能力。或者说他们用太成人的眼光来看待整个情形。薇薇安的父母——马里奥（40岁）、多利恩（34岁）这样写道：

我们带着19个月大的薇薇安出去散步，常常是刚过了十分钟，她就不推她的儿童推车了。这对我们来说真是费劲。我们在出门之前已经问过她多次，她是不是想带儿童推车。如果她说要带，我们就告诉她，她得一直推着。每次她都很高兴地点点头，但是十分钟之后，她就要爸爸抱了。我们拒绝这么做，因为她应该学会，决定是有后果的。但是每次我们说不抱，她就哭闹起来，一步都不再往前走，站在那儿把小手朝我们一伸。大部分情况下，我们会在她前面几步远站着，然后友好地说，她应该走过来。有时候她也确实这么做，但是她一边走一边哭诉，听起来令人心碎。她的儿童推车就扔那儿不管了。我们告诉她，她应该把儿童推车推上，但是她可不管这个，她过来紧紧抱住我们的腿，想要我们把她抱起来，或者干脆往地上一躺，上演一出撒泼打滚儿。我们当然很坚决地让她知道，她这种行为在我们这儿不会奏效。通常我们也会说，如果她把儿童推车扔那儿不管，就会被另外的孩子捡走。她可不管这个，尽管她特别喜欢那辆儿童推车。她对儿童推车看都不看，而是哭哭啼啼，完全失控，黏在我们身上，非要我们抱起她。而这真是让我们怒火中烧！真是一头小犟牛！她只想实现自己的意愿。这可不行！

当然，我们也不会让儿童推车就扔在那儿，毕竟这个玩具不便宜。我们怎样才能让她合作，继续自己推车呢？

从这个讲述可以看出，即使今天的父母也受到"黑色教育学"的很大影响，对孩子的观察总是负面的。马里奥和多利恩拒绝抱薇薇安，拒绝替她推车，他们实际上也是为了孩子好。他们想让孩子知道，决定总会有后果，而后果要自己承担。另外，他们也想让她明白，她这种捣蛋的行为在家长那儿是行不通的，家长可不会让她随意摆弄。但是薇薇安才19个月大，年龄太小了，不可能学会这一点。她对于金钱的价值毫无所知，也不知道一个儿童推车是要用钱来买的。对她来说，礼物常常是以魔法的方式出现的，她也不明白，如果她把儿童推车扔在那儿，第二天早上儿童推车不会自动出现在她的房间里。她也不会为未来做计划，因为她的前额叶还没有完全成熟，要让她事先做出决定，不带儿童推车出门，因为她十分钟之后就烦了，不想推了，这超出了她的认知能力，她根本做不到。她所知道的只是累了，不想推、不想跑了。她想要跟家长接近，希望家长能抱抱她，她也用一种能打动人的方式表达了这一点。马里奥和多利恩拒绝薇薇安的初衷也不是恶意的，他们只是用成年人的眼睛观察了这个事情，而不是用孩子的眼睛，而且他们对于孩子的期望过高，薇薇安还不可能有预见性地思考，另外她的耐力也没有那么大。

遗憾的是，这种情况经常出现。成年人要求孩子合作，但孩子的能力还不可能达到，但成年人又不愿意放弃要求，因为他们害怕孩子会因此知道，他们通过胡闹和反抗就能达到自己的愿望。我们在上文已经描述了孩子的大脑有哪些局限，为什么有时候孩子真的无法合作，即使他们愿意这么做。这一点我们一定要铭记于心，才能让我们不对自己的孩子提出过分的要求。我们肯定不会让一个不到2岁的孩子去写自己的名字，因为很明显，这种要求从认知和运动方面都超出了孩子的能力。但是奇怪的是，我们却常常希望孩子也有成年人的复杂思维、计划性和预见性。

马里奥和多利恩在散步的时候应该放松一些，他们还没有必要教育他们的女儿行动会有后果。薇薇安能自己把车推整整十分钟，这已经是很让人欣慰的了。这么小的孩子有这么大的毅力已经很了不起了。如果这时候她累了，父母也可以心安理得地把她抱起来。如果他们在薇薇安大哭大闹着要求他们这么做之前就把她抱起来的话，她的大脑也不会记录下来，在发怒和家长的让步之间有什么不好的因果关联。

如果还在薇薇安能够好声好气地告诉他们"我累了，想要抱抱"的时候，家长就抱起她，那有可能会发生三件事情：第一，薇薇安觉得家长理解了她，就不需要使用更高音量或者让人不舒服的方法引起家长注意到她的真实需求，家长和孩子之间的关系由于对需求的认识和满足而得到加强。第二，家长给孩子演示了什么叫合作。社会心理学家和冲突研究者莫顿·德意志曾经发现，合作的经历会创造出加强合作的螺旋上升曲线，也就是说，马里奥和多利恩如果表现出合作意愿，薇薇安在未来也会更多地和他们合作。第三，薇薇安在爸爸的肩膀上或者妈妈的怀抱里得到休息，也许几分钟之后又能自己跑、自己推推车了，这比起家长坚持让她一直推，效果要好得多。

她可能会自己推很长时间，当然中间也需要一些休息，这样家长的愿望也得到了满足。薇薇安锻炼了她的耐久力，而且是以一种适合孩子的方式。

莉莉安：我们忽略了孩子的合作意愿

很遗憾，我们成年人的大脑经常以缺陷为导向，也就是说，对那些不完美的事情，我们能很快地辨识出来，并且为此感到生气。但是那些日复一日顺利进行的事情，我们的大脑却不会注意到。大脑希望这些事情继续顺利进行，这样就可以节省对它的注意力，来关注那些也许更重要的事情。这是大自然的一种节能措施，当然也有不利的一面。因为这让我们经常忽略孩子许多小小的合作行为，而把注意力放在那一两次不顺利的情况上。海伦娜（44岁）讲述了有一天她的孩子看起来根本不想合作的情况：

我有一个女儿叫莉莉安，她4岁半了，还有一个儿子叫波，刚11个月大。我是一个独立职业者，平时在家上班，但是带着两个孩子有时候真不容易。有一天早上，我需要打一个很艰难的电话，所以我想提前一小时为此做准备，因为跟对方谈的事真的很重要，所以我也很紧张。在这段时间里，爸爸应该把波送到幼儿园去，而莉莉安生病了不能去。因此我头天晚上跟莉莉安约定好，她在这一小时里要自己玩儿，这样我就可以工作了。

第二天早上，莉莉安很早就醒了，闹钟大概比平时响早了两小时，并且一直安静地在她的房间里玩儿。我夜里因为要照看波，很辛苦，所以我又睡着了。醒来后我把小家伙安排好，交给了他爸爸。现在莉莉安应该自己玩儿，但是根本不行，她好像突然不会自己玩儿了。我先是让她去刷牙，十分钟后我去卫生间看，她还是什么都没做。是的，她已经把牙膏盖子拧开了，牙刷也拿在手里，但是牙刷上连牙膏都没有。于是我帮她刷了牙，然后告诉她，她应该回自己的房间穿上衣服，我也要穿衣服。过了一会儿，我又去看她，她光溜溜地坐在屋子中间，地板上至少扔了六双袜子，看起来就像刚刮过龙卷风。而她则不停地唠叨说，这些可恶的袜子都不合适，我应该帮她的忙。她已经4岁半了，早就会自己穿袜子了。

我对她变得越来越不耐烦，因为我看到打电话的准备时间就这么流走了。而她却越来越较劲，对我说风凉话，哼哼唧唧，磨磨蹭蹭，不断发小脾气，好像她有意地要把我打电话的事情破坏掉。后来我真的爆发了，朝她大喊大叫起来。我们可是说好了的，她也向我保证自己玩儿一小时，可是我在这一小时里只忙活着管她了！以她的年龄，她早就应该明白，约定好的事情就要遵守，而且要照顾到别人的需求，难道不是这样吗？

莉莉安当然已经合作了，只是她妈妈没有注意到这一点。小姑娘已经自己玩儿了整整两小时，而且声音很小，妈妈和弟弟还能接着睡觉，这是一个很了不起的成就。从孩子的角度来看，她头天晚上跟妈妈的约定已经完成了。但是海伦娜并没有注意到这个事实，或者最起码她没有对此做出积极的评价。从妈妈的角度来看，女儿没有配合，而是破坏了她们之间的约定。

如果我们当家长的仔细观察就会发现，孩子经常是愿意合作的，而且确实也这么做了。比如我的儿子约舒阿15个月大的时候，我要给他穿连体服，他就会很配合。他会把胳膊伸过来，有一次甚至把他正玩儿的球放下了。他就是这么合作的。日常生活中有很多情形，孩子都二话不说地跟家长合作，但是我们经常忽视这一点。孩子张开嘴让我们给他刷牙，这就是合作；孩子好好坐着让我们给他们梳头，这也是合作；孩子让我们在车上或手推车上给他们系上安全带，这也是合作；一个孩子好好躺着，好让我们给他换纸尿裤，这就是合作。我们每个人都能举出上百个这样的例子，孩子每天都无数次跟我们合作，但是对我们来说，这是理所当然的事情，所以这些合作根本不会被我们意识到。因此我们成年人应该擦亮眼睛，发现与我们合作的孩子所付出的努力。也许对我们来说这是我们做过的最艰难的练习之一，但也是特别重要的一项练习。

我们需要提高关注度和注意力，才能够看到被我们大脑忽略的、孩子平常积极的行为。比如海伦娜没有认识到，莉莉安从她的角度认为，她已经完成了约定中自己应该完成的部分，而且还有另外的迹象表明，她是愿意合作的。比如在卫生间的时候，她已经把牙刷抓在手里，并且把牙膏拧开了，这就说明她起码已经开始做妈妈想要她做的事情。也许她已经开始刷牙了，也许她还太愤怒，因为她觉得妈妈没有发现她已经自己玩儿了两小时，这是不公平的。海伦娜不应该去指责莉莉安还没有开始刷牙，而是应该告诉她，自己已经看到她正准备这么做："我看见了，你已经把牙刷拿在手里了，已经开始了，真好！你也应该已经拧开牙膏了，那你马上就可以开始刷牙了。需要我帮帮你吗？"在穿衣服的问题上，海伦娜使用的也是以缺陷为导向的目光。莉莉安已经把她的睡衣脱了下来,也就是说她已经显示出要自己脱衣服,然后再穿衣服的愿望,但是由于妈妈对她的误解,使她的情绪不是很好,比如她觉得那些"可恶的袜子都不合适",从这一点我们就能看出来。但是无论如何,莉莉安已经试了六双袜子,从这一点也可以看出,她完全是想合作的。如果妈妈看到这一点,告诉女儿她看到了女儿的合作意愿,并且对其表示认可,也许女儿的情绪会好转一些,就不会那么坚决地抵制妈妈的愿望了。如果妈妈再帮她穿衣服,也许她就愿意自己再玩儿一会儿,这样妈妈就可以打那个重要的电话了。

　　反馈给我们的孩子,我们看见了他在合作或者愿意合作,这一点是极其重要的。因为这表明我们对他加以关注了,这会让孩子很高兴,也会装满他的幸福罐。另外,这也是两个人之间相互尊重的基石。要做出这种反馈,实际上很简单。如果两个成年人正在交谈,孩子突然插嘴问一个问题,我们请他等一等,他也确实等到了谈话结束,这时候我们的第一反应就应该是关注孩子,友好地对他说"谢谢你等我们说完"。如果一个孩子在吃饭时忘乎所以地大喊大叫,我们提醒他"不要这么大声",而孩子确实声音变小了,那我们就一定要告诉他"太好了,你的声音确实放小了"。也许我们希望孩子完全不说话,但是他是否做到了这一点其实无所谓,重要的是告诉他,他进行了合作,他说话的声音不像刚才那么大了。我们的目标应该是认识到孩子许多合作的努力,家长对孩子行为的赞赏,会使他们感到幸福和满足。我们越是经常看到孩子的努力,并且反馈给他们,我们就越会发现,一旦需要他们配合,他们就越能满足我们的愿望。

还有至关重要的一点是，我们要对这样的合作表示积极的肯定，但是不要大加赞扬。这两者之间的差别虽然很小，但是很重要。我们可以友好地点点头，或者微笑一下，这不算是表扬，但是是一个积极的反馈，表明孩子的行为符合社会的规范。如果我们在这样的情形中对孩子大加赞扬，实际是无意之中传达了一个信息：孩子的这种合作、符合社会规范的行为有些出乎我们的意料。我们本来以为孩子会做出自私的、违反社会习俗的举动。接下来我们就谈谈另一点，为什么孩子看起来不合作？

鲁本：我们内心预期的力量

内心预期的力量，这种说法你们大概已经在"自行实现的预言"这一语境中遇到过，大概就是，父母内心的预期会对孩子发生潜移默化的但是强大的影响。孩子总是往父母预期的方向发展，造成这种现象的主要原因是在人类的大脑里存在镜像神经元。借助这些镜像神经元，人可以比较肯定地对我们所观察的日常情形进行直觉的估计，预测这种情形将会如何继续发展，别人期待他做出何种行为。"因为镜像神经元中包含着整套的行为序列……使它能够对每一种日常的情形进行直觉的估计……预测一种情形会如何继续发展。镜像神经元可以将一些临时产生的和直觉的信息传达给我们，告诉我们，那些我们正在接收的信号后会有哪些典型的序列。"[①]

---

① 约阿希姆·鲍威尔：《人性原则：为什么我们天生会合作》。

如果一个孩子总是从家长那儿接收到一些信号，这些信号无意中传递给孩子的是"家长没指望他做好事"，这些信号在孩子的大脑中就会激活无意识的行为序列。简单地说，孩子的镜像神经元接收到信息，家长预计他只会捣蛋，行为神经元就会做好准备，在现实中实施这些捣蛋行为。

前一段时间我亲眼观察到游乐场的一个情形，那个妈妈的做法是活生生的例子，显示了"自行实现的预言"是怎样发生的。

这个妈妈带着两岁半的儿子鲁本到游乐场玩儿，妈妈的闺密也带着一个小孩来玩儿。这个妈妈做的第一件事就是在游乐场边上蹲下来，然后告诉鲁本："如果你不乖乖地玩儿，我们立刻就回家。"鲁本乖乖地点点头，然后跑开了。这个妈妈坐在长椅上，开始跟闺密聊天。

滑梯上孩子特别多，鲁本乖乖地排队，耐心地等待，直到他快到了最上面。在他前面只有一个大约3岁的女孩，看样子不敢滑下去。鲁本大约又等了一分钟，然后他开始轻轻地往前推女孩的背，很明显，鲁本想说："快滑吧，我也想滑。"鲁本不是把女孩推下滑梯，而是用他的手势告诉女孩，她身后还有其他孩子等着，都想滑下去。女孩突然大哭起来，最终还是滑了下去。因为女孩的哭声很大，鲁本的妈妈就朝滑梯那儿看了一眼，刚好看到哭泣的女孩滑了下来，而她的儿子正好在滑梯上面。她得出的结论就是，鲁本是造成女孩哭泣的原因，尽管她并没有看到全过程。看起来这个妈妈的推理也有道理，但是事情实际上并不是她想象的样子。

这时候妈妈高声喊道："鲁本，快过来！"鲁本高高兴兴地朝妈妈跑了过来，听到的却是她充满威胁的质问："是你推那个女孩了吗？"鲁本疑惑地看着妈妈，显然他的语言能力还不够，他一时想不出该怎么回答。妈妈接着说："鲁本，我已经告诉过你啦，如果你招惹别的小朋友的话，我们马上回家。你乖乖的啊！"鲁本点点头，又一颠一颠地跑开了。

我继续观察。鲁本穿过游乐场，刚好看到一个特别棒的粉色滑板车。这个滑板车是一个5岁女孩的。女孩看出了鲁本对滑板车的兴趣，就跟他打招呼，然后把滑板车推到他面前，问他："你想滑一下吗？"鲁本用询问的眼光看着女孩，然后他慢慢地伸手去抓车把，女孩却飞快地把滑板车拿走了，并且哈哈大笑。鲁本再次用询问的眼光看着她，我觉得，他没明白女孩在逗他。女孩又把滑板车推到他面前，问："你想滑一下吗？"这次鲁本给了她一个回答，他说"是"，然后去抓滑板车，当然，女孩再次把滑板车推走了。但是这次她不够快，鲁本紧赶几步走到滑板车前面，然后把车把抓在了手里。女孩可没料到这一招，她气愤地大喊道："这是我的滑板车！"正在这个时刻，鲁本妈妈停下谈话，抬头看了一下，刚好看见她的儿子好像是把一个女孩的滑板车抢走了。妈妈勃然大怒，跳起来，上前抓住鲁本的胳膊就往游乐场的出口走，一边走一边责备他："现在我可受够了，你在游乐场总是招惹别的孩子！我们现在就回家。"

这个"自行实现的预言"的例子确实让人印象深刻。鲁本妈妈的做法是无意识的，但是她对儿子行为的期待却完全得到了实现。不巧的是她每次抬头看儿子的时候，都有点儿太晚，只看见冲突的结局，并没有看到冲突是怎么产生的。她只看到女孩在哭，鲁本站在旁边，而她看到的情况证实了她自己的猜测：鲁本总是想招惹其他小朋友。

我们几乎可以肯定地说，鲁本在这两种情况下都没有明白，为什么他的妈妈会批评他。这会让他的大脑产生一个固定的想法：他是一个"坏"孩子，因为对他来说最重要的亲人就是这么一遍又一遍地反馈给他这个信息的。在我看来，鲁本的行为既有社会性又有合作性，也符合他的年龄。比如说，他很耐心地在滑梯边等待，直到轮到他，他排了队，没有加塞儿、乱挤，对此大人本来应该给他积极的反馈；他对待那个不愿意滑下来的女孩的方式也是很温柔的，这也值得家长给一个积极的反馈；妈妈叫他的时候他马上快步跑去，像这样许许多多的小事，都显示了鲁本在合作。而他的妈妈忽略了这些，因为她看自己儿子的视角总是消极的。

如果她看儿子的视角一直不变的话，我们有理由担心，鲁本对自己的认识会由于他人内心预期的力量而往消极的方面发展。

在这里，我们并不想造成误会，我们的例子只展示了鲁本和他妈妈生活中的一个极小的片段。这样糟糕的情形也可能很少发生，也许妈妈平时并不是这么看待儿子的，我们之所以选择这个例子，是因为它很形象地证实了他人内心的预期具有何种力量。总有一天，像鲁本这样的孩子不会再像故事里那样纯真，他们会有目标地去招惹其他人，也许就是因为他们真的以为自己是坏孩子，因为他们经常从成年人那里得到这种反馈。因此，他们让自己的行为都去适应成年人消极的目光。从这一点来看，孩子也进行了合作。

如果社会不问青红皂白就对孩子做出判决

社会上被普遍接受的儿童形象往往很有影响力。如果社会普遍认为，孩子是令人讨厌的，总是大喊大叫没有教养，人们想要通过教育让他们走上正轨，否则他们都会变成"暴君"，那他们确实会变得难以应付。如果大家普遍认为，孩子吵吵闹闹很正常，孩子的本性是好的，那在某一时刻做出的反应也是他们尽力而为的，在这种环境下成长起来的孩子，就容易沟通得多。

在我们的文明社会中，成年人对孩子的预期总是，孩子每时每刻都可能干坏事，他们身上也随时有可能发生什么事情。这对孩子的影响比大人跟他们说的所有话都要大。如果大人的预期如此，嘴上却说信任孩子，对这种口是心非的话，孩子是不会相信的。

如果家长的出发点是，孩子的举动自然而然会符合社会的要求，那他们也确实会向这个方向发展。在这里起作用的仍然是内心的预期，这种力量当然是朝向另一个方向的。作家莱德罗芙曾经跟印第安部落耶夸纳人在完全与世隔绝的情况下生活了好几年，耶夸纳人对孩子的看法完全是积极的。莱德罗芙得出的结论是，人生来就有合作的趋势，会为集体做事。但是这种趋势也有可能遭到长久的破坏，比如由于目前流行的夸奖和惩罚的教育方法。如果一个孩子自觉地做了一些有用的事情，却得到家长的高度赞扬，他的理智也许会因此感到高兴，他的感情却会发现，自己刚才做的是一些不同寻常、出人意料的事。由于孩子都会努力去适应他出生的社会环境，因此他就会把这种感觉储存起来。他做这些有用的事情好像有些不对，尽管父母表扬了他。"一个健康的孩子生来就具有很多有用的能力，让他们去做合适的事情，比如，模仿、钻研、检查、不伤害自己和别人、下雨了就回到室内、发出令人愉悦的声音。如果人们预期一个孩子会做出敌视集体的行为，他也有可能会违背他天生的感觉，做出不当的事情，因为别人也没有满足他的要求，没有考虑他对别人的预期，当然也包括自己的感觉。当下流行的夸奖和惩罚这种办法对于孩子的动机是有毁灭性的，尤其是对那些特别小的孩子。当一个孩子做了一些有用的事情，比如，自己穿衣服、喂狗、摘一束野花回家，或者用一块儿泥巴捏一个烟灰缸，大人的反应是惊讶不已：'哇，你真是一个可爱的姑娘！''大家快来看看，施特凡妮自己做了什么！'没有比这种表达更能让孩子灰心丧气的了。孩子只是做出了一些社会认可的举止，而这些赞叹和惊呼则暗示，孩子做出这种社会认可的行为，完全是出人预料的、不典型的、不同寻常的。孩子的理智也许会因此感到高兴，他的感情却会生一肚子闷气，因为大家期待他做到的——成为他的文化、他的部落、他的家庭的真正一分子——他没有做到。"①

---

①莱德罗芙：《寻找失去的幸福：儿童早期幸福能力的破坏及其对策》。

孩子的很多被社会认可的行为，其实都很平常，如果这些行为经常受到表扬，他的天然的合作倾向和社会化动力都会减弱，因为他在无意识之中记录下来，原来成年人对他的预期是，他做不到这一点。对于耶夸纳人来说，部落的每一个成员——不管年龄大小——他们的所作所为都是自然而然地为了集体的福祉，但是没有人应该被强迫做他们不喜欢做的事情，即使孩子也不应该受到强迫。莱德罗芙写道："孩子不会接到命令，去做违反他们自我决定的事情，比如，吃饭、游戏、睡觉等。但是人们也理所当然地希望，当需要他们帮助的时候，他们会立刻满足别人的请求。因此孩子也会得到一些任务，比如打水、喂宝宝等。没有人去监督孩子，看他们到底完成了这些工作没有。因为成年人根本不会去想，有人会拒绝他们的请求。耶夸纳人对孩子的合作意愿从不怀疑。""大人不会下命令，强迫孩子做违反他自己喜好的事情，比如，告诉他怎么玩儿、他应该吃多少饭、他什么时候应该睡觉等，但是当需要他帮助的时候，人们也希望他马上能够提供帮助，比如，'给我倒点儿水''砍一些木头''把那个东西递过来'或者'给小宝宝拿一根香蕉'，成年人给孩子发布这些命令，是因为他们相信，孩子具有一种天生的集体意识，他们很肯定，孩子也想对集体有用，想参与同伴的工作。没有人监视孩子是不是听话，因为从来没有人怀疑孩子合作的意愿。孩子就是一种社会性动物，他会毫不犹豫地去做别人期待他做的事，而且尽力把它做好。"[1]

---

[1] 莱德罗芙：《寻找失去的幸福：儿童早期幸福能力的破坏及其对策》。

我们的教育无意中消除了孩子的合作意愿

现在我们要讲另外一点。我们认为西方的父母出于无知,还想省事,很早就让孩子戒除了合作的想法。就像莱德罗芙用耶夸纳人的例子给我们展示的,孩子显然天生就会合作,天生就愿意加入一个集体。为什么在社会中孩子就做不到这一点呢?

加拿大不列颠哥伦比亚大学的幼儿认知研究中心做了一项研究,他们为6个月的孩子表演了一场木偶剧,在剧中一个红色的圆圈试着滚到一座山上,但是它自己无法成功,总是一再滚下来。这时来了一个黄色的三角,它从下边顶着这个圆圈,让圆圈借助它的帮助到了山顶。当圆圈到达目的地之后,它显然很高兴地跳来跳去。在下一个情节中,没有黄色的三角,一个蓝色的方块出现了。蓝色的方块已经站到了山顶,它不断地挤那个圆圈,直到它从山顶上滚下来。

在看完这两段剧情之后,研究者给孩子摆出了方块和三角,99%的孩子都去拿助人为乐的三角。由此,研究者推测,人天生就有合作的愿望。

实验并没有就此结束,6个月后,也就是孩子1岁时,同样是这批孩子又被请来参加实验。给他们上演的仍然是圆圈、方块和三角的木偶剧。这次只有大约80%的孩子去拿助人为乐的三角，而20%的孩子拿了把圆圈从山上挤下去的方块。

在过去的6个月中，发生了什么事情呢？这些孩子在社会或者他们的家庭中观察到，与合作相比，竞争可以获得更大的成功。以竞争为导向的方块在剧中作为"胜利者"胜出，那些1岁的孩子更愿意跟这个胜利者玩耍。"一开始，所有孩子都对这个助人者表示认同。由此看来，竞争并不是基因所决定的，而是一种经验。这些孩子从他们的家庭中取得了这种经验，家庭中有一个人以牺牲他人为代价的方式取得了巨大的成功，如果孩子不对这样一个人生赢家表示认同的话，大家都会觉得他是个傻子。所以当孩子把其他人推开，或者不惜以牺牲他人为代价来推行自己的意志，其原因并不在于这些孩子的大脑，也不在于他们的遗传因素，而在于我们给他们做出了这样的榜样。如果想要改变这一点，我们不必去试着改变孩子，而是要改变我们自己的生活和交往方式。"①

在现实世界中，竞争无处不在。不管是孩子还是成年人，都被要求追求更快、更高、更远。学校有成绩，运动会有奖牌，职场中工作干得好会多拿奖金，就连婴儿也被人拿来进行比较，把他们归类到某些标准曲线之中。即使孩子并没有意识到这一点，他们是太矮还是太高，太胖还是太瘦，运动方

---

① 瓦根霍夫等：《不一样的教育：是恐惧还是爱？》。

面是太慢还是语言发展滞后,这些都会被记录在他们的发育手册里,一旦出现状况,他们就会受到更严密的观察。

也就是说,孩子从出生起,成年人就开始训练他们,使他们能在市场经济中立足。他们的发育速度和喜好并不能决定他们自己的游戏计划,成年人会想方设法促进孩子能力的发展,让他们以后变成有用之才。孩子到处都可以感觉到,在公开场合里虽然他们被要求进行合作,但是私下里,总是那些最快的短跑运动员、唱得最准的歌手或者最聪明的计算者能够获得最大的认可。因此,孩子还在幼儿园的时候就开始相互比试,也就不足为怪了。很少有孩子去热心寻找一些需要大家合力解决的问题,大家很快就会产生一种印象,好像竞争意识是我们的孩子在摇篮里就具备的,但这是错误的,我们的社会助长了这种反社会的行为。神经生物学家吉拉尔德·许特认为,这个世界上"广为传播的最大的谬论"是"发展需要竞争"。他认为事实正好相反,发展需要接触和交流。这一点不仅在人的身上可以观察到,而且在原始的生命形态中也可以看到。比如,细菌之间会交换遗传信息;一个人要想发展,需要另一个人给他展示他能够学习的东西;不管是一种新的狩猎猛犸象或种植小麦的方法,还是读和写,或者使用高效计算机,都需要合作。通过竞争,人虽然可以使自己专门化,可以追求更高、更远,但是这些都跟真正的发展没有任何关系。

让我们再次跟莱德罗芙一起把目光投向所谓的自然民族,我们会看到,那里的孩子在他们的日常生活中主要面对的是合作。这也在他们的行为中反映出来。莱德罗芙观察了一个大约2岁的小姑娘的合作经历。"我亲眼见证了一个小姑娘的劳动生活的第一堂课。这个小姑娘大约2岁,我曾在女人们那儿见过她,当时她们正在一个大桶旁擦木薯,她在边上玩儿。然后她从木薯堆里拿起一块儿,跟她旁边的一个姑娘一起,在她的擦板上擦起来。这块儿木薯太大了,她试着让木薯划过擦板粗糙的表面,但是好几次木薯都掉了下来。她边上的女孩向她报以关爱的微笑,递给她一块儿小一些的木薯。她的妈妈显然对这种不可避免的冲动行为早有准备,递给她一块儿她专用的极小的木擦。小姑娘从小就看女人们擦木薯,所以她现在立刻就拿起那一小块儿,在她的擦板上像别人一样上上下下擦起来,还没到一分钟她就没了兴趣,跑掉了,那块儿木薯看起来也没有变小,她的小擦板也被她扔在大桶里。没有人向她表示,她的行为很奇怪,或者让人惊讶,事实上女人们都预期着这件事早晚会发生,对她们来说,孩子参与自己的文化是很平常的事,而参与的方式和速度都由孩子自身的力量所决定,从没有人怀疑过,这种行为的最终结果将与集体相和谐,而且是基于合作的意愿以及完全的自愿。"[1]

在场的成年人没有一个给她一种感觉,好像她突发奇想的合作是出人意料、让人惊讶的。就连她合作的方法和时间长短都没有人进行评论。合作绝对是自愿的,取决于一个人的体力和耐力,对这一点耶夸纳人从不质疑。每个人都尽力而为,因为他想跟周围世界和谐共处。

很多成年人都误以为孩子的想法很自私,必须对他们的冲动行为进行温

---

[1] 莱德罗芙:《寻找失去的幸福:儿童早期幸福能力的破坏及其对策》。

柔的驯服，才能让他们变得可以被社会接受。这是我们前文提到的，那就是成年人的预期所发挥的力量。因为在我们的社会里，占主流的还是缺陷为导向的儿童形象，而且整个环境建立在竞争思维之上，我们的孩子会完全自动地发展出不与社会合作的倾向。即使家长尝试逆流而上，但是周围环境仍然会有强大的影响，而且我们不容易摆脱这种影响。可惜我们不能都搬到耶夸纳部落，家长和孩子都要生活在出生的社会里，因此，即便我们方式有限，我们还是要去尝试，对社会进行哪怕一点点改变。也许我们可以让每一代孩子在成长的过程中都比上一代更自由一点儿，有更多的自我决定权，希望以这种方式能够回到我们注重集体、注重合作的本质。

不仅周围的竞争让孩子失去合作的意愿，家长有时候也会在无意之中达到这种效果。孩子天生就有去模仿周围人的愿望，这甚至是他们的一种生存技巧。引发这种现象的是我们大脑中的镜像神经元，它让我们去仔细观察我们最亲近的人是如何行动的。这些神经元之所以存在于人的大脑中，是因为模仿的行为对于生物的进化是很重要的。可惜的是，我们成年人有时候就是不相信孩子能做某些事情。我们不敢放手让孩子去尝试，或者我们由于缺乏时间而越俎代庖。比如一个刚刚学步的1岁孩子，如果他想把玻璃杯从客厅拿到厨房，他的父母几乎肯定会把杯子从他的手里拿过来，害怕他摔倒、割伤自己。如果一个2岁的孩子想要帮我们打扫卫生间，我们基本上不会同意，因为他十有八九会帮倒忙，造成更多的麻烦。如果一个3岁的孩子早上想自己穿外套、拉拉链，但是时间很紧，我们经常会替他拉，因为我们不想迟到。我们只需要留心一下，就能发现许多这样的情况。单独来看，这些情况好像并没有那么消极，但是如果我们害怕出事，一再把那个1岁孩子手里的杯子拿掉，那我们的过度看护以及图省事的心理就会减少孩子天生的合作倾向。如果这个孩子5岁了还不会帮着家长在晚饭后收拾桌子的话，那我们就不能怨天尤人了。

　　促进孩子合作能力最有效的办法，就是不要戒除他们合作的意愿。我们的孩子想要独立做的事情，就放手让他们去。我们要信任自己的孩子，在日常生活中要多拿出一点儿时间，这样我们就会以最简便的方式为合作打下最坚实的基础。而且我们会惊讶地发现，孩子其实已经会做很多的事情了。

尽管如此——
鼓励自立

想要抓住孩子表现好的瞬间,并不是那么容易,因为我们的大脑不会把完全正常的东西当作积极的信息加以关注。

加强合作意愿——怎么做？

如果孩子的努力得到赞赏，他们就会感觉快乐。因此，我们应该留心孩子哪怕很小的合作行为，并且对其加以肯定，具体做法我们在前文中已经描述过了。但是，想要抓住孩子表现好的瞬间，并不是那么容易，因为我们的大脑不会把完全正常的东西当作积极的信息加以关注。幼儿园的吉林德老师（56岁）就给我们讲述了她在这么做的时候碰到的困难：

在我的幼儿园班上，有一个小男生，我们管他叫马提。马提3岁，是一个脾气很大的小家伙。如果我能够发现他美好的瞬间，肯定会让他高兴。但是老实说，我真不知道什么时候可以对他做出一些积极的反馈，因为他不断地在发脾气。比如昨天就是很典型的一天，他爸爸把他送来的时候，他情绪就不太好。我们是一个注重体育的幼儿园，也就是说，我们会经常到体育馆做一些游戏。昨天我们一大早就想去运动，马提应该把他的运动服穿上，他也这么做了。在运动馆里，所有孩子先集合，然后排成一队，他们声音慢慢放小了，因为我要解释这个游戏怎么做。我想把他们分成两队，用一个球跟他们做扔球游戏。马提想要挑选队员，但是我已经让另外两个孩子这么做了，这把他气得够呛，他用脚踹地并且抱怨不止。然后我们开始游戏了，一开始一切都很好，他也玩儿得很高兴，可是不巧的是，有一个球正好砸到了他的脸上，尽管我们专门选的是一种软球，但肯定还是把他打疼了。这让他完全失去了控制，他飞跑到两个队中间，抓起充当隔离线的那条长凳，使出浑身的力气把长凳掀翻了。这可真是危险！然后他大声喊叫着从所有孩子面前跑过，一个接一个地冲他们喊。我真害怕他会打人。然后他跑到体育馆的边上，用脚踹墙，一边哭一边喊。我其实想安慰他，但是他根本就不想让我走近。在这样一个早上，我哪儿有机会给他积极的反馈啊？我所有时间都在安慰他，或者保护其他孩子不受他的伤害。

第一眼看上去大家也许会想，这个早上马提的行为确实没有给老师机会去做出积极的反馈。但是如果仔细看，我们就会发现他还是进行了合作，甚至好几次都做到了这一点。

第一，老师让穿运动服的时候，他自己穿上了运动服。（合作）

第二，他和其他孩子一起排了队。（合作）

第三，他像其他孩子一样不说话，让老师可以解释这个游戏。（合作）

第四，当时不让他挑选队友的时候，他忍住了，虽然也抱怨了几声。（挫折容忍力）

第五，他跟其他孩子一起玩儿游戏。（合作）

第六，当球砸到他脸上时，他没有冲那个砸他的孩子发泄他的怒气和他的痛苦，而是朝着物体（长凳）发泄。（控制冲动）

第七，他仍然很生气，虽然他朝着那些孩子跑过去，但他没有碰他们或者打他们。（控制冲动）

第八，他自己摆脱了这一情形，跑到体育馆的边上，朝着墙发泄他的怒气。（自我平静的方法）

总的来看，马提是一个相当有能力的小男生。尽管他有权发怒，但他并没有攻击任何人，而且也找到了一个社会认可的发泄自己不良情绪的渠道。事实上，对他这个3岁的孩子来说，他的行为的社会接受度已经超过了平均水平。与他的年龄相匹配的做法是，对那个无意中把球扔到他脸上的孩子——让他痛苦的始作俑者——拳脚相加，这当然是一个不能被社会接受的行为，但是对他的年龄来说是很正常的，因此不需要担心。所以说，老师有很多机会可以对马提的合作努力做出积极的反馈。像我们所有人一样，她也应该对自己的大脑进行锻炼，才能更好地发现这些"好的"行为。

马琳娜：做合作的表率

家长经常忘记这一点，就是合作不仅意味着孩子要配合家长，在日常生活中不争不吵，共同达到目标，而且意味着大人也要进行配合。如果我早上时间很紧，我的三个孩子都能飞快地自己穿好衣服，使我能准时出发，那他们就是很好地配合了我。我们四个人一起合作，齐心协力，使我的需求得到了满足。反过来，我也应该照顾到孩子的需求。在我们的学习班中一讲到这一点，家长都会不住地点头，显然，许多家长都认为他们做得已经足够了。

但是一旦我们给他们解释，家长的配合应该是什么样的，他们往往就不吱声了，甚至脸色发白。因为大部分人这时候才明白，他们并没有像自己想的那样，真正进行了很多合作。卡特琳娜（33岁，三个孩子的母亲），向我们讲述了她是如何积极配合小女儿的合作意愿的，而且这么做对妈妈助益良多。

我女儿马琳娜16个月，她是我最小的孩子。我觉得她目前最大的需求除了吃饭、睡觉和亲热之外，就是让我们接受她说"不"。她在面对任何事情的时候，都会先说"不"。我知道，这和她处在叛逆期有关，她刚发现，她可以有一个跟我不一样的意愿。我们早上起床之后大概有一个半小时的时间，然后才出发去幼儿园。首先，我总是想先把她的睡衣脱下来，然后换上新的纸尿裤。但这时候她经常会直接地告诉我"不"。我接受这一点，就先去干点儿别的。我准备早餐，帮她的两个姐姐整理书包，然后整理好我自己的手提包。马琳娜这时候会在屋子里跑来跑去自己玩儿，有时候我会走过去重新问她，是不是可以给她穿衣服啦。通常情况下我会问两次或者三次，一般过了大约二十分钟，她就会点点头，我就可以给她换新的纸尿裤了。有时候，她也会再次把我打发走。整个早上我肯定能听到她说五次"不"。显然，她想说的是"现在还不要"，但是她语言方面还无法完成这样的表达。不管怎么样，我每次总是回答她："好的，那我一会儿再来。"这一切不会再让我焦躁，因为我知道早晚她会让我给她穿衣服，或者帮她刷牙。我在这一个半小时里也确实能做完所有的事情，而且我觉得我也照顾到了三个孩子的需求。我确实有一种感觉，我越是经常接受马琳娜说"不"，她也越能够满足我的愿望。我想让她学到,她说的"不"是有分量的,通过说"不",她可以保障个人的界限。如果当妈妈的对她说"不"经常不予理睬,那她会怎么想?而且以后,比如她对第一个男朋友说"不"的时候,他是必须要听的,这一点她必须记住。

卡特琳娜的需求是尽快给马琳娜穿好衣服,但是当她察觉马琳娜还没有做好准备,允许她来穿衣服时,她就推迟了这个需求的满足。只有当马琳娜说"好"的时候,卡特琳娜才利用这个机会给她穿衣服。这位妈妈跟自己大一点儿的孩子打交道的时候,已经积累了一些经验。她知道一个孩子说"不"的时候,大部分情况下都不是绝对的,通常这个"不"只是表示"现在不要""这儿不行""不要这样"或者"你不行",因为家长大部分情况下都不知道孩子当时说的这个"不"是什么意思,因此我们就应该小心地试探一下,到底什么方法可以有所帮助。

比如,孩子不想穿衣服,是因为他正玩儿得高兴,我们大人是不是可以再等五分钟,或者我们妥协一下,允许他拿着玩具,是不是就可以让他合作?也许他在家里不想穿衣服,因为太热了,我们如果告诉他,等出了门到了凉快的楼道里再穿上衣服,是不是就可以了?或者他不想让我们给他穿衣服,但是姐姐可以这样做?用这种方式,我们在很多情况下都可以把意见统一起来。

我们也可以设想一下,卡特琳娜虽然早上有一个半小时的时间,但是她问也不问或者不管女儿怎么说就给她脱下衣服,换了纸尿裤。这时候马琳娜可能就哭了,而且也不会那么快地原谅妈妈这种越界的行为。

如果卡特琳娜这么做，她就错过了一次照顾孩子的需求的机会，正因为她接受小姑娘说"不"，她就有五次机会来接受女儿的愿望，第六次的时候，孩子就会说"是"了。如果卡特琳娜不顾马琳娜的反对，一大早就给她穿好衣服，那妈妈的需求虽然得到了满足，但是女儿的没有。也许妈妈在其他地方就必须要接受女儿的"不"，因为一个合作关系中索取和给予保持平衡是很重要的。很有可能孩子这次的"不"，对妈妈来说问题更大，比如马琳娜拒绝在汽车里系上安全带，这样的一个"不"，妈妈根本不可能接受。也就是说，这里她必须要忽视马琳娜的需求。那么她们就会很快陷入一个怪圈：孩子给予的很多，家长索取的很多，但是给予的很少。对这种不平衡孩子会表示不满，他们会更多地去拒绝家长。只有当家长做出合作的榜样时，孩子才会放弃他们拒绝的态度。

有时候也会出现这种情况，即使问到第六遍，孩子还会说"不"，这时候，家长为了满足准时去上班的愿望，就必须要忽略孩子的"不"，违背他们的意愿给他们穿上衣服。在这种情况下，家长的需求就比孩子的需求更重要，但是在前五次的情况下却不是这样。家长这么做，与一大早就不顾孩子反对，给孩子穿上衣服的效果完全不同。因为孩子在这之前已经有五次机会可以维护自己的界限，只有第六次的时候家长才超越了这个界限，这对孩子来说有着很大的区别。当然，我们也不可能一直维护孩子的界限，这也不是以需求为导向的教育的目标。我们经常会遇到一些外部的情况，这些情况就连我们大人也无力改变，所有人都只能遵从。尽管如此，所有家庭成员的需求都应该在可能的范围内加以权衡。在这个特殊的时刻，谁的需求最重要？

就连最小的孩子也有权利要求大家重视他的需求。克里斯多夫（48岁）曾经做过一次自我检讨：

> 我最近又发现，我还是说"不"说得太多。其实说"是，好的"也不会给我自己造成什么麻烦。比如我的女儿妮拉（2岁半）在幼儿园放学后总想溜达着回家，她走得特别慢，在这儿看看一根草，在那儿摘下一片叶子，每看到一个小水坑都会停下来。有时候她会往完全相反的方向走，我得经常试着把她引回正路，因为我想我们得回家去。但是她对我的企图总是做出愤怒的反应，如果我们不走她的路，她就会很伤心。有时候她穿着雨鞋，可我还是不让她总在水洼里蹚水，这使她很沮丧。我们经常会争执起来，我也会很生气，因为她没有跟我配合。现在我又把这些事情思考了一遍，发现我们在五天之中有四天都不用赶时间，我完全可以轻轻松松地按照她的速度让她走自己的路。但是我不知道为什么，一直都想尽快回家，这其实并不重要，我可以在家跟她玩儿，然后再做晚饭，或者跟她在外面溜达，然后再回家吃晚饭。两种做法完全没有区别，于是我开始"由着她的性子"，结果是我们不再吵架了。而且有时候，如果我告诉她"注意，今天我们得快点儿走，因为……"，她也完全没有问题，跟我快快地就走回去了。

榜样的力量使孩子更容易完成价值的学习。如果他们体验到，其他人愿意听取和接受他们的需求和愿望，他们也就更愿意和其他人合作。约翰·霍普金斯大学的一项研究也表明了这一点。实验的目的是考察家长的行为对幼儿的影响，研究者观察了9-12个月大的婴儿会对家长的请求做出何种反应。结果是，如果家长在日常生活中对孩子发出的信号特别关注，并且悉心地做出反应，孩子的合作意愿也就最高。家长越少强加给孩子自己的意志，越能够照顾到孩子的情绪和愿望，孩子越愿意满足家长的愿望（当然也不是满足每一个愿望）。

如果孩子的需求完全由父母来决定，那就会给孩子造成沮丧的情绪，孩子感觉自己很无力，在需要合作的情况下，也不会尝试着放弃他们自己的愿望，去寻求妥协，因为在别的时候，也没人为他们做出过妥协。要想持续增强孩子的合作意愿，最好的方法是尽可能说"好的"，创造一个"是"的氛围。我的儿子约舒阿1岁的时候，有一段时间他每天都想带着他的雨伞。我们根本不需要那把雨伞，因为大部分时间都是晴天，但是他喜欢那把雨伞。有一天我就想："为什么不呢？"当然这会给我造成一点儿麻烦，几分钟之后我就得帮他拿着雨伞了。为了省事，我当然可以说"不"，毕竟对我来说拿着雨伞不方便。有时候我也确实说"不"，比如我自己要拿很多东西的时候。但是通常我们会把雨伞带上，约舒阿就很高兴。我和女儿卡洛塔也经常有"为什么不"的时刻。有一次，卡洛塔用平平的积木在地板上搭了一张床，她那时候大概4岁。这张床看起来又硬又凉又不舒服，但是她对自己的作品感到很骄傲，想在上面睡觉。这当然没什么不可以的，我就让她睡了，她也确实在她的木头床上坚持睡了三个晚上。

有时候家长有一些不确定，自己是否应该允许孩子做一些任性的事情。比如，3岁的孩子想坐在桌子底下吃饭，家长害怕这会成为习惯，孩子以后不管到哪儿都会在桌子下面吃饭。这种担心其实是不必要的，这是我们自己所受教育的一些影响。家长其实可以完全放松地对待这种情况，不必为此大伤脑筋，因为孩子会看到，家里没有人坐在桌子下面吃饭，他们的镜像神经元会原原本本地感知成年人是怎么做的。孩子也许有一时的需求或者愿望，想坐在桌子下面吃饭，但是每一个孩子的目标是适应他的社会环境。我们对于个性的需求其实来得很晚，大概青春期的时候才会发生。家长可以心安理得地想，这样的愿望只是短暂的，孩子只是想尝试各种可能性。这是一种实验，家长不必去反对，因为这种做法最终会自行消失，根本不会产生任何消极的后果。对所有人来说，情况也会更加放松。家长不必马上拒绝孩子的愿望，即使在家长看来，这些愿望毫无意义。家长当然每次也最好先问问自己，除了为自己方便，或者一种笼统的评价"没人这么做"，是不是真的有什么理由能反对孩子这么做。

马利克：合作基于自愿

一个人如果是出于压力采取合作，那就不是真正的合作，而是服从。在一段良好的关系中，是不需要强迫的，不管是与伴侣的关系，还是与孩子的关系。如果这种自愿遭到了破坏，那就会出现冲突。阿丽娅（22岁）跟她的儿子就经历了这种情况：

我们一去游乐场玩儿，马利克就不想回家。他刚刚2岁，确实很喜欢在外

尽管如此——鼓励自立

面玩儿。我已经习惯了提前反复地提醒他，我们马上就要回家了。我每隔一段时间就告诉他，我们要回家了，或者他还可以再滑一次滑梯，然后我们就走。但是这根本没用，没有一次他是自愿跟我走的。尽管我已经说过我想走了，他仍然会倔强地坐在那儿不动，继续挖沙子，这让我很生气。我通常会抱起他，走出游乐场，可是我根本就走不远，因为他一边扯着嗓子大喊，一边挣扎，就好像我是绑架他似的。他一路上不停地挣来挣去，想像泥鳅一样挣脱我。如果我把他放在地上，他马上就跑回游乐场。我不得不紧拉着他的手，把他拽回家去。其实我并不喜欢这么做，其他家长都是怎么做的呢？我真是提前就告诉他，我们马上要走了。

尽管阿丽娅已经预告了要回家，马利克还是不配合。为什么会这样？我们猜测妈妈有点儿不耐烦，如果她已经多次告诉儿子，她再等五分钟、三分钟或者一分钟就要走，那她应该也给儿子一个机会，赶快把他手里的事情做完。如果他不马上起身跟她回家，她就会直接把他抱起来，那她就是在强迫儿子了。给孩子机会，自愿地合作，这是很重要的。最简单的方法是站在孩子面前，告诉他"马利克，我现在要回家"，然后朝他伸出胳膊。通常情况下，这就足够了，孩子也会跟着走。但有时候事情还没有结束，也许孩子还想往桶里再放一块儿石头，或者再铲一铲沙子。不管怎样，反正他还没有做好走的准备，于是他转过身去，继续玩耍。对家长来说，这可能看起来不是一种合作的态度，但其实不是这么回事。如果我们告诉一个成年的朋友，我们要出发了，他也会花一点儿时间把手头的事情做完，也许他要把在电脑上正在写的文章存储一下，或者他把杯子里最后一口咖啡喝完，也许他会花点儿时间在他正在读的书里放一枚书签，然后就会跟我们走。成年人跟孩子的唯一区别是，朋友已经学会了给我们一个信号，说明他已经明白了我们的意思，而这种反馈的信号，孩子还不会发，因为孩子还没有学。阿丽娅跟儿子说她要走时，应该等一下，但是她不需要施加压力，她决不应该说"如果你现在不走，我就自己走了"。她应该等一小会儿，如果有必要的话，过一分钟再提醒马利克一下。通常整个过程不会超过五分钟，然后孩子就会自愿地站起来找她，既不会哭，也不会喊。孩子也不会在回家的路上一直跟妈妈搏斗，因为她并没有强迫他一起回家。

当然，有些情况下大人必须二话不说，抱起孩子就走，比如在公共汽车上，我们突然发觉得马上下车，而孩子正站在车窗边自顾自地向外张望，这种情况下我们就得一把抱起孩子就走，但这不是越界的举动，而是必需的。如果孩子用喊叫和愤怒来回应这样的举动，也是可以理解的，因为他肯定被吓了一跳。这时候大人应该做的是去安慰他。还有就是在危险的情形中，比如在马路上、敞开的窗前或者插座边，大人都可以随时行使保护的权利，尽快把孩子抱走。孩子的身体安然无恙当然是最重要的。

在其他不危险的情形中，我们就应该想一想，即使是孩子，他也有独立的人格，有基本的权利来自己做出决定，到底是合作还是不合作。尤其在有关孩子个人领域的一些事情时，这种自愿是很重要的。比如早上要出门之前，我们不应该总要求孩子去上厕所，但是我们可以提醒他们，我们坐地铁的时间比较长，里边没有厕所。我们也不应该规定孩子吃多少东西，但是我们应该注意，我们给他们准备的食物要有利于健康，营养均衡。我们做家长的当然都能预见到，孩子不穿外套在外面会冷，但是我们也不应该强迫他们穿外套，因为身体是他们自己的，他们应该通过个人的经验学会与自己的身体打交道。他们必须自己承担起责任，这一点家长应该对他们表示信任。只有当他们自己体会到，外套可以保暖，最终防止生病，他们才会自愿地、不受强迫地穿上它。让孩子学习这种关联，在我们看来比每天强迫他们去好好穿衣服要简单得多。这当然不是说，大冬天在自行车后座上带一个只穿着纸尿裤的1岁小孩满城转悠。最近报纸上倒是报道过这么一件事，但是这已经超越了人的正常理性的界限，是不可取的。

在很多情况下，让孩子学习对自己负责，比让他们学习听话更有意义。只有孩子的决定才是真正自由的决定，尊重他们的决定，他们才会走上真正合作的道路。因为压力，即使是偷偷施加的压力，也总是会引起反抗。可是，如果马利克在五分钟或者十分钟之后仍然坐在沙坑里不想起来，那怎么办？难道孩子不应该学着听话吗？因为以后在学校里，如果老师让他到黑板前回答问题，他也不能自己决定是不是要去。这个问题以及与它相连的恐惧感让家长纠结不已，因为即使我们本心是想避免强迫，但是我们周围的人也会不断提醒我们：你们这种态度只会养出不主动、不独立、自私的孩子。

我们当然得承认确实有这种孩子，但是我们相信，并不是缺乏强迫才导致了他们表现出这种态度。每一代家长都会在教育上犯错误。今天的家长已经很注意给孩子提供一个美好的、自主的童年，可是我们忘掉了，我们中的许多人都无法明明白白地在沟通中阐明自己的界限。许多家长都会忽视自己的需求，以避免孩子的失望。有些人委曲求全满足孩子的愿望，因为他们害怕失去孩子的爱。那些一再允许孩子跨越自己界限的人，他们以为给孩子的是无条件的爱，事实上他们培育的是一个自私的、不会合作的"暴君"。

这些孩子的教育里不是缺乏强迫，而是缺乏对于情感和其他人的界限的深入理解。因此家长一定要保持本真，否则孩子控制冲动的能力不会成熟。作为家长，先考量所有参与者的需求，然后决定孩子的需求在这种情况下是否应该优先考虑，这与不分时间和场合地满足孩子的各种愿望是有很大差别的。后一种情况中，孩子周围的大人都在演戏，并没有向他表达真正的情感。如果一个妈妈总是要自己打扫房间，她为此感到很生气，却强颜欢笑，这对孩子并不好。如果身边的人总是想尽办法来掩饰他们的消极情绪，这样孩子怎么能够知道自己的作为或者不作为在别人身上会引起什么样的反应呢？大家一定还记得，只有大人在孩子成长的过程中给他展现真正的感情波动，他的大脑中控制冲动的前额叶才能学会去判断某种情形对他人会产生怎样的影响。只有这样，他的大脑中才会存储有关某些行动的正确信息。一旦孩子可以进行视角转换，也就是在他大约4岁的时候，前额叶中预存的那些信息就会发挥作用了，孩子就可以判断，他的行动会引起他人产生哪些情感和反应。存储的信息和视角转换共同作用，才使大脑的控制机制得以正常发挥作用。

对家长来说，这有点儿像走钢丝。一方面我们要给孩子自由，让他们自己去做决定，是合作还是不合作；同时我们还必须要展示给他们看，他们自由的决定对其他人来说意味着什么，这样他们有一天才能够做到，为了集体的福祉让自己的愿望往后靠。当然，我们也明白，由于孩子的大脑还不成熟，他们还不可能真正地这样做。如果小马利克有一天真的坚决拒绝走出沙坑，跟妈妈一起回家，那他妈妈就得考虑一下，哪方面更有优先权。她是可以再给他几分钟时间，还是她真的马上就回家去。如果真是这样，那妈妈就要违反马利克的意愿把他抱走，但是这只是极端情况，不应该频频发生。如果阿丽娅能够在每个人的需求之间保持平衡，那她的儿子以后上了学，被老师点名，他就会自然而然地到黑板前面去。不是因为他知道，与一个成年人对抗是不值得的，而是因为他的经历告诉他，在某些情况下可以有个人决定的自由，在另外一些情况下则没有。

菲利克斯：让孩子慢慢来

我们在阿丽娅和马利克的例子中看到，给孩子时间是合作的一个重要前提。由于我们成年人的日常生活经常紧紧张张，所以我们大人总是处于时间的压力之下。我们尝试着完美计划我们一天的活动，使我们能够满足各个方面对自己的要求。即使在我们有时间的时候，也有一种感觉，一切事要尽快办。小说《毛毛》①里的灰先生牢牢地控制住了我们，于是就会出现这种情

---

①《毛毛》：德国作家米切尔·恩德的作品，讲述了一个叫毛毛的女孩战胜时间窃贼灰先生的故事。——编者注

况，我们想要孩子做出某一行动，却不给他足够的时间让他配合我们，希望他马上做出反应。安德蕾亚（36岁）就有过这样的体验：

我的儿子菲利克斯4岁，在游乐场跟他的朋友开玩笑，把朋友的玩具挖掘机拿走，然后挑衅地围着他跑来跑去。朋友的反应不出所料，他抱怨着追菲利克斯，想要把玩具要回来。由于没有成功，这个朋友来找我。我也觉得这个解决方案不错。我们大人总是告诉孩子，如果他们自己没办法了，就应该来找大人。但是我不想追我的儿子，在这方面我是比不过他的，所以我就朝他喊道，他应该看看自己朋友的脸，看看他的朋友是不是喜欢这个游戏。菲利克斯真的看了朋友的脸，但他一开始并没有停下来，也没有马上把玩具还回去，而是又跑了几分钟，想要说服他的朋友来玩儿这个有趣的游戏。过了大约五分钟，我觉得好像过去了很长时间，菲利克斯突然醒悟了。他停下来，看看他的朋友，开始伸手把玩具递给他。他真是想自愿地把玩具还回去，可惜的是，正巧在这个时刻我忍不住了，开始责备他，把玩具从他手里抢了过来。我当然已经看到了菲利克斯想自愿合作，但是我也控制不住自己的冲动。如果我再多等一秒钟就好了。我真是生自己的气，下一次我肯定会给他多一点儿的信任，会耐心去等。

我们经常能观察到一种现象，如果孩子犯了错误，家长会觉得自己有（时间上的）压力，家长会觉得周围的人希望他们马上行动，而且他们可能也确实会马上行动。这是很让人遗憾的，因为他们这样做就剥夺了孩子自己去化解冲突的可能性，剥夺了他们在情感上和社会经验上都得到成长的机会。安德蕾亚通过她的干涉剥夺了菲利克斯的机会，使他无法自愿合作，因为他已经认识到他让朋友不高兴了，他的同理心、他理解别人感觉的能力、他道德上的理解力、他作为孩子的自我形象、他自己会做出正确决定的能力，所有这些能力都可能在这一刻得到增长。因此，如果家长希望自己的孩子能够合作，那就应该给他们一点儿时间来做出正确的决定。如果家长请求孩子合作，不是使用压力，而是让他们真正出于自愿，那他们通常——不是总是——会再磨蹭一会儿，为了保全自己的面子，之后还是会合作的。这种为了保全面子而进行的短暂犹豫对他们来说很重要，因为他们由此可以显示，他们是独立的人，有自己的思想。给我们的孩子一些时间，让他们学习吧。

卡洛塔和埃伦娜：信任

我们这里所说的信任，与我们前面讲到的内心预期的力量有关。家长应该重新学会自然而然地去信任自己的孩子。他们能够看到，在他们的社会环境里的成年人有怎样的行为，他们早晚会接受这种行为，因为他们有天生的倾向，让自己的行为符合社会的标准。因此，在许多情况下，根本就毫无必要去教育孩子。不是在所有情况下，但是在许多情况下确实如此。通常家长只需要给孩子做出榜样，让孩子看家长的行动是如何符合社会标准的。如果家长自己能够很有礼貌地说"请"和"谢谢"，在地铁里给老年人让座，帮着一位妈妈把婴儿车抬上台阶，或者帮拿着东西的人开门，那我们的孩子就会自动接受这些行为方式，因为在观察大人的时候，他们的镜像神经元在行动。成年人的行动作为社会所希望的，也就是正确的行为序列，被储存在孩子的大脑之中，孩子会在完全无意识的情况下接受亲人的行为。

关于这个主题，我曾经跟我的双胞胎女儿有过一次让我茅塞顿开的体验。卡洛塔和埃伦娜当时还很小，大约14个月大，两个人都有个习惯，不把东西递给对方，而是相互扔过去。比如她们要给奶奶一块儿积木，她们虽然会先朝奶奶走过去，但是在离她一米远的地方就会停下，把积木扔到她手里。在我眼中，这种举动是完全不可接受的，但是不管我怎么尝试，她俩还是这么做，我都要绝望了。有一天，我跟她们坐在沙坑里，那个下午天气很好，我身边放着一杯可口的咖啡，她们在离我大约三米远的地方玩儿沙子。我手边放着一把铲子，卡洛塔想要那把铲子，她把手伸过来示意我把铲子拿过去。因为我当时很累，所以不想站起来，我就把铲子拿起来，小心地扔到她面前的沙子里，这样她自己就能够着了。铲子正好落到我想让它落的地方时，我突然想出了一个解决我们扔东西难题的办法：原来我自己是她们什么东西都扔着给的原因！突然我的脑子里冒出上百个情景，都是我小心地往孩子面前扔东西，因为我当时太懒，不想站起来；因为我打过二十年的手球，所以我扔东西特别准，也就是说，我总是轻轻地把东西扔在她们面前，当然，有时候即使很近，我也会这么做。我确实每次都扔，而不是递过去。我女儿的行为根本不是反社会的，她们只是模仿了我，而我没有明白这一点。后来，我不再朝她们扔东西了，她们也真的学会了轻轻地递东西，她们的奶奶和其他朋友也不用害怕脑袋上被砸出个洞了，我也松了一口气。

如果你们的孩子不会说"请"和"谢谢"，或者还没有内化其他的社会规则，那你们先想一想，自己或者对孩子来说很重要的其他成年人是怎么做的。如果问题不是出在大人身上，那你们就应该给孩子更多的时间，继续给他们做出榜样，给他们演示正确的做法，并且相信他们会接受这样的做法。我们知道，持我们这样观点的人和暴君理论的发明人米歇尔·温特霍夫或者强调纪律的贝恩哈德·布伯的追随者之间经常爆发激烈的争论，因为后者认为，孩子只有通过家长坚持不懈的教育才会养成好习惯，要通过强迫、服从和放弃才能成为幸福的、适应社会的人。另外，他们还认为，家长必须使用权力，这样孩子才能跟纪律和服从发展出一种顺畅的关系。我们在这里并不是想扩大这场讨论，但是我们的观点是，孩子是"人之初，性本善"。他们之所以做出不被社会接受的行为，是因为他们还小，还不知道应该怎么做，或者他们想要告诉别人，他们现在不舒服。尽管如此，我们觉得这两位作者的观点也有可取之处，当一个成年人和孩子们生活在一起时，不管是作为家长或教师，都应该清楚表明他们个人的界限，这样孩子才可以学着去理解，自己的自由应该止于别人的自由开始的地方。只有每个人都能够顾及他人退后一步，这个集体才能正常运转。孩子们想要学到这重要的一课，当然也可以通过纪律和服从，但这并不是唯一的途径。这也是我们在下面马上就要谈到的内容。

明确很重要

我们在前文中提到的耶夸纳人,他们对于孩子的期望是很清楚的,他们根本就不会想去强迫他们或者说服他们,但是他们完全有信心,孩子一旦接受一个指令,要他为集体去做点儿什么或不做什么,孩子会马上执行,根本不需要用惩罚的方法来威胁他。今天的父母已经失去了一部分这种信心、这种信任。当我们要求孩子做事情的时候,我们不再有明确的态度。莱德罗芙讲了一个很好的例子,是关于孩子从父母身边跑开的。在美国,孩子从父母或者保姆身边跑开,是司空见惯的事,这让她十分惊讶。对一个婴儿来说,最天然的愿望是在不熟悉的环境中待在自己妈妈身边。和我们有亲缘关系的哺乳动物如此,就连鸟类、爬行动物类、鱼类也是如此。她的结论是,美国家长内心有胆小怕事的预期,所以孩子会跑掉。一个耶夸纳妈妈在穿过热带雨林时并不认为看着孩子让他待在身边是自己的任务,她相信孩子会对自己负责。尽管孩子摔倒时她会放慢脚步,让孩子跟上她,但她不会一直忧心忡忡地回头查看孩子是不是丢了。"由于成年人丧失了对孩子的信任,就导致了很多奇怪的结果,其中之一是孩子从他们身边跑开。耶夸纳人的孩子绝对不会在森林里离开妈妈跑到远处,妈妈也从不用回头看看孩子是不是还跟着她。她也从不用告诉孩子,还有另外一种可能的选择,或者妈妈的任务是保证他们待在一起。她只会放慢自己的脚步,让孩子跟上她,她的行为告诉孩子,她在等他,因为他摔倒了,她的行为也表明,她知道孩子不会耽搁很长时间,就能和她一起继续往前走。她相信自己的孩子有天生的社会冲动,孩子也能识别出妈妈的预期,努力按照这个预期去行动。这两者共同作用,所以根本就没有必要向孩子施压。"①

虽然我们并不希望自己的孩子跑开,比如说跑到马路上,但是我们内心深处并不肯定他们是不是会听我们的话。这种不肯定有可能会导致我们在面对他们的时候不够"明确"。举一个例子可能会说得更清楚,我们可以回想一下,孩子第一次问我们可不可以喝一口我们的咖啡、可乐或者啤酒时,我们当时说出来的那个"不行"肯定是十分明确的,孩子绝对不会质疑这个"不行",因此也不会再提出这个问题。我们向孩子表明,这里绝对没有其他的可能性。但在其他事情上面,比如,孩子能吃蛋糕吗?可以舔咖啡上面的奶油吗?可以再吃一个冰激凌吗?我们不是很肯定,这时候我们的"不行"听起来就不是那么坚决,因此,孩子也会一再地追问,孩子会感觉到还有谈判的空间,他们会感觉到我们不是很明确。

如果我们很明确自己想要什么、不想要什么,这种态度对孩子产生的影

---

① 莱德罗芙:《寻找失去的幸福:儿童早期幸福能力的破坏及其对策》。

响比我们磨破嘴皮子要强得多。对于跑开这件事也是如此,家长不希望孩子跑远或跑到马路上,但是我们的态度并不是很明确。我们不很肯定,孩子会不会这么做。孩子的镜像神经元会察觉到这种不明确,因为它是伴随着下意识的表情和手势的,所以孩子也会把它解读为一个下意识的行动指南。如果家长很担心孩子会跑到马路上,他们就会下意识地表现出这种恐惧,那孩子就真会跑掉。孩子用跑开这种行为证实了家长隐藏的担忧,因为他的镜像系统激活了一个行为序列的程序。

注意,在这里我们并不是要责备大家,我们只想给大家看看,如今家长所面临的尴尬局面。我们必须要(重新)获得内心的肯定,一方面,我们作为成年人在与孩子的关系中应该负起责任和具有远见,另一方面,我们的引导方式要得到孩子的认可,即使我们不用惩罚和让孩子承担后果的手段。由于我们在童年时期从没有人在这一点上给我们做出过表率,因此让我们相信这一点也特别困难。而对耶夸纳人来说,他们不会明白我们怎么会提出这样的问题:"如果孩子不听你的话,你怎么办?"

我们家长应该学会明确自己的态度,不管是内心还是外表,只有这样,我们才能给孩子一种行为上的肯定。而其他教育理论则是希望通过"逻辑后果"来达到这一效果,用简单的话来说,就是"我希望你做我想要你做的事,否则的话,我就会取消你的某个特权,而且我知道你不希望我这么做"。而我们推荐的方法是,"我希望你做我想要你做的事,因为我知道你天生就愿意合作"。在这种方法中,有一种对孩子的信任,信任他们天生就有做出社会认可行为的倾向,这一点根本不需要家长来教育。我们坚信,如果孩子有时候做出不被社会认可的反应，那也是完全正常和符合他们年龄的。只有当家长在这点上很明确，我们才会浑身散发出这种信任，而我们的这种表现会对孩子起作用，他们会感觉到家长的信任和肯定。家长对他们来说是可以"明确解读的"。如果我们怀疑自己的教育能力，或者怀疑孩子是否会合作，那他们也会变得不肯定，就会从我们身边跑开。

谈心

每天，我们当中的许多家长都竭尽全力地克服自己所接受的教育，以及我们的预期给自己带来的不良影响，我们每天都在超越自己，每天都需要付出巨大的精力。当我们眼见自己又一次做出"愚蠢的"反应时，我们也会绝望。但遗憾的是，我们的孩子常常不领情，他们仍然会调皮、抱怨、哭泣、喊叫，有时候他们的拒绝看起来纯粹是为了发一下犟脾气。他们看不到我们的努力，而且对此也毫无感激之心，这真是太不公平了！其实家长在这里想歪了，因为孩子根本不知道我们付出了多少努力，他们不知道别的家庭是什么样的，或者爷爷奶奶是怎么教育爸爸妈妈的；他们也不知道，如果我们不每天打起精神，坚持以需求和关系为导向的教育方法，对他们来说意味着什么。在他们看来，自己的家就是真正的爱。每个孩子生下来都具有这样的意识，那就是他的父母会无条件地爱他，这是深深地镌刻在我们人类骨髓里的。如果这种无条件的爱里边也包含打骂，那婴儿或者孩子也会接受这一点。既然父母这么做，那大概是必须这样。他们对我们的好意和无私也觉得自然而然，既然父母这么做，那大概是必须这样。在孩子人生的头三年，我们的行为会决定他们对爱的体验，也决定了他们未来家庭之外的关系。我们的行为在孩子的眼中绝不会显得不同寻常，因此也就不值得关注或者感激。他们一点儿也不明白，和我们生活在一起，对他们来说是多大的幸运。

因此，我们一定要跟他们谈谈这些事。不是要威胁他们："你有我这样的妈，你就高兴吧！在别人家里你如果这么捣蛋，屁股早就被打烂了！"而是简单地把我们遇到的情况用语言表达出来。比如，孩子在捡石头，而我们想继续往前走，但是我们停下来让他们捡，这时候我们就可以说："你想再捡一会儿石头，但是我想接着往前走，好吧，我们还是有一点儿时间的，那我就在这儿等。等你完事了，咱们再接着走。"通过这样一说，孩子就会注意到我们为合作付出的努力，而不说的话他们大概就会忽略这一点。我们这么做，会让他们今后的目光变得更加敏锐。

谈心对于年龄大点儿的孩子来说，也应该包括以非暴力的沟通方式请求他们合作。孩子的坚决拒绝会使合作陷入困境，家长承认这一点并不是什么丢脸的事。家长可以说："好的，我感觉到了，你现在确实不愿意这么做。但是我觉得，今天要打扫卫生还是很重要的。我不能，也不想强迫你去打扫，因为我觉得强迫不是正确的方法。但是要想没有强迫做成这件事，我就需要你的帮助。我们必须找到一种我们两个都能接受的妥协方案，你配合我一点儿，我配合你一点儿。你觉得，我们怎样才能完成打扫工作呢？"在这种情况下，家长经常能惊讶地发现，孩子在寻找妥协方案的时候是极具创造力的，而且有时候解决方法居然是那么简单。即使不能马上达成共识，大家也可以一起来讨论各种可能性，然后共同做出决定。当然，如果孩子才2岁，肯定是行不通的。但是从2岁半开始，家长就应该试着去这么做。刚开始时，用语言来表述妥协方案和其他可能性是有些吃力的，大家每天都忙忙碌碌，所以很难实行。但是一旦在孩子很小的时候就开始这么做，那今后这个过程就会简单得多。最晚到了四五岁，孩子能够进行视角转换时，家长就可以享受辛苦带来的成果了。

和一群孩子自由玩耍

不同年龄的孩子在一起，时常能催生出合作精神。比如我们经常能看到，在游乐场中完全陌生的孩子一起玩儿水，他们会合作建一条大坝或者一条水渠。（"你在那儿挖，我在这儿建墙。""喂，我需要更多沙子，把桶拿过来！""先别放水，我们还没有弄好。""那儿决口了，我们需要更多的泥，快！"）我们看到这些应该心悦诚服，在游戏时孩子可以教别的孩子合作，比我们成年人要强得多。

其实，哪怕孩子只是想一起玩儿跷跷板，他们也需要共同合作。因为其中一个孩子不能往跷跷板上一坐就不起来，那样的话，另一个孩子就上不去了。第一个孩子必须先半坐在他那一边，使跷跷板能够保持水平状态，这样另一个孩子才能爬上去，然后他们俩还得共同找到一个合适的节奏，使两个人玩儿得都开心。他们之间要搞明白，他们应该翘得多快和多高，不至于让对方害怕或者感到无聊；从跷跷板下来时也需要合作，因为如果一个人直接跳下来，另一个人可能就会摔疼。在一起自由玩耍的孩子制定共同的规则，他们自己也会遵守，这就是合作的一种重要形式。如果其中一个孩子不遵守这些规则，其他孩子就会终止游戏，或者把他排除在外，这种社会性反馈就会给他一个很好的教训。

一旦成年人干预这个游戏，或者制定规则，监督规则的执行，那他们就削弱了或者妨碍了孩子这种合作小组的自然学习过程。因为有一些东西是家长要重新学习，而孩子天生就会的：他们不会对朋友施加合作的压力，他们会给对方时间。对朋友来说，他们是明确可读的，他们不会使用强制手段。因此，我们要放手让自己的孩子跟其他孩子学习，孩子往往是更好的老师。

轻松相处的妙招儿和花招儿

那些住在没有电梯的楼房中的家长，大概都知道这种每天都会发生的斗争。孩子不想自己上楼梯，有时候只是很短的一段楼梯，只有几个台阶，他们也会拒绝，并且会拿出士兵一样的命令口吻对家长说，应该把他们抱上去。

"我的孩子拒绝自己上楼梯"

那些住在没有电梯的楼房中的家长，大概都知道这种每天都会发生的斗争。孩子不想自己上楼梯，有时候只是很短的一段楼梯，只有几个台阶，他们也会拒绝，并且会拿出士兵一样的命令口吻对家长说，应该把他们抱上去。早上在送孩子去幼儿园的时候，家长也经常能看到孩子在楼梯前赖着不动，向生气的家长伸出他们的小手。

为什么会这样？

对于我们成年人来说，每天多次上下楼梯是很吃力的。我们看一下孩子身体的比例就会明白，为什么他们会经常拒绝上楼梯。对一个成年人来说，楼梯的台阶大概有脚踝那么高；对一个5岁的孩子来说，一个台阶会到他们的小腿肚；对一个刚学会走路不久的孩子来说，他得把腿抬到屁股的高度才能爬到台阶上，所以孩子觉得上楼梯太费劲，就不足为奇了。如果面对一个容易完成的任务，比如一个楼梯只有几个台阶，孩子还是大喊大叫，冲我们发脾气，那我们就得想想，这可能会有其他原因。通常可能是他们累了，或者饿了，或者他们内心感到压力，要在家长身上找一个出气口发泄一下。对我们大人来说，这种减压的方式真是很累人，但对孩子来说，却是一种有效的方法。如果在这种情况下把孩子抱上去，虽然一时避免了他们发作，但是很可能他们还会找另外一个出气口。他们会因为某些小事就闹来闹去，直到家长跳起来反对。这并不是说孩子在试探家长的界限，而是在保持他们的心理卫生。我们家长是出气筒，也就是说，我们应该拒绝把孩子抱上这几级台阶，然后静等他们发作，带着同理心陪伴他们发脾气，等"雨过天晴"、他们内心的压力被释放之后，他们就会自己爬上这段小楼梯，好像什么事情也没有发生。这种现象我们在后面还会再次提到。

怎么办？

第一，把孩子抱上去。如果家长体力允许，把孩子抱上去，这件事就结束了。孩子不愿意上楼梯的情况会随着他们身高的增加而减少。我女儿2岁的时候，几乎每天都要让我把她抱上去，但是4岁以后，这种事就很少发生了。你们不用担心抱孩子上楼梯会让他变懒，每个孩子都愿意成长，这是我们的生理因素所决定的。如果孩子在上楼梯时请求我们帮助，那他们一定有充足的理由。一旦他们能自己上楼梯，他们就会这么做。重要的是，我们一定要等孩子请求我们时再去提供帮助，不要孩子还没有开口，我们就"俯首甘为孺子牛"。

第二，在台阶上贴画片。如果我们在台阶上贴上塑封的画片，就会激励孩子爬上高高的台阶。他们会从一张画爬到另一张，看一看，再抬头看看下一张，然后爬上台阶，到另一张画那儿。家长应该时不时地把画换一下，使孩子能够保持兴趣。不同的汽车或者动物都是孩子喜爱的主题。在使用动物画片时，家长甚至还可以加入一些学习内容，比如在最下面的台阶上贴一个小动物，楼梯越来越高，画片中的动物也越来越大。我们可以从蚂蚁开始，到蓝鲸结束。我跟孩子在楼梯间里玩儿的是数量游戏，即在第一张画片上只画一个玩具，每增加一个台阶就多画一个玩具，然后告诉孩子，先爬到有两个娃娃的画片那儿，然后把他抱到有三个球的画片那儿。

第三，注意孩子的服装。我在自己孩子的身上发现，如果他们穿着滑雪服或者沉重的雪地靴，他们是不愿意上楼梯的，因为这样的衣服妨碍他们运动，使上楼梯更加困难。因此我有一个习惯，冬天一进楼门，就把他们的滑雪服和鞋子脱下来，这样可以让他们轻松上楼梯，而且这确实也有效果。

妮尔：上楼梯这个要求太高了

有时候让孩子上楼梯这个要求太高了，因为孩子外部的条件还达不到这个要求。艾里芙（20岁）讲道：

我有一个女儿，20个月大了，她叫妮尔。我们住在四楼，通常下午我会把妮尔从幼儿园接出来，散一会儿步，然后回家。我的女儿也经常让我把她抱上去，大部分情况下我也会这么做，因为她确实还很小。但是有一次我们先去了花店，买了花土和要种在阳台上的植物，我身上真是"超负荷"，因此我请求妮尔今天自己上楼梯。但她根本不想合作，不像我希望的那样，而是放声哭喊、大发雷霆，绝对不要自己上楼梯。这次发作持续了大约半小时。不管我怎么说，她都不接受。妮尔不停地哭喊，非要让我抱她，我真是气得不行。我已经抱过她那么多次了，就让她自己上这么一次楼梯。她也看见了，我的手里已经提了很多很重的东西。

女儿在这一时刻无法合作，因为她脑子里边的想法是，妈妈应该要把她抱上楼梯。在我们跟孩子出现问题的时候，有一点很重要，我们成年人一定要牢牢记住：如果某个时刻孩子不愿合作，大多数情况是因为他的大脑还没有能力来灵活应对习以为常的情况的改变。这种现象我们在前文中已经描述过了。

如果孩子的头脑中已经启动了一个程序"妈妈现在要抱我上楼梯"，他们就很难终止或改变这个程序。由于妮尔的年龄还小，她还没有能力认识到，妈妈刚买的那些花和花土是妈妈拒绝把她抱上去的原因。女儿甚至不明白，为什么妈妈今天不像往常一样把她抱上去？

那现在艾里芙应该怎么做呢？理论上说，她有两种做法：

第一，她应该把买的东西放在楼梯下面，抱孩子上一段楼梯，然后再跑下来把买的东西提到孩子那儿放下，再抱孩子上几级楼梯，再把买的东西拿上来，直到最后到自己家的门口。这种做法虽然有点儿麻烦，但也是一种很好的妥协方案。

第二，她还可以采用等待和陪伴的方法，忍受孩子发脾气。我们在下文会更详细地描述一下，家长在这里应该怎样尽可能地根据孩子的能力来做。孩子的大脑由于情况的变化陷入了危机，必须要通过发怒才能把内心的压力发泄出去。如果我们成年人知道这一点，就会觉得陪伴孩子发怒不再那么难受，因为我们会带着真正的同理心坐在孩子身边，理解这个情况对孩子来说是多么艰难。等危机过去，孩子就可以应对新的情况了，他们会自己爬上楼梯。尽管这样一次怒气发作可能会持续比较长的时间，家长不一定有时间和心情耐心地、有爱地陪伴孩子直到结束，但是通过这种方法，家长在一个重要的学习过程中给予了孩子支持，那就是让孩子知道，有些事情是无法改变的，我们必须学会忍耐。

"我的孩子不想穿衣服"

在有些育儿指南里,家长会看到这样的建议:如果孩子不愿意马上穿衣服,家长就可以威胁他们:"那你今天就穿着睡衣去幼儿园吧。"而且重要的是,家长一定要实施这种威胁,让孩子知道家长是认真的。还有一种不是那么强硬的方法:家长虽然把穿着睡衣的孩子送到了幼儿园去,但是等孩子听够了其他孩子或者老师的冷嘲热讽之后,还会让他换上其他衣服。有时候家长也可能会感到无能为力和灰心丧气,就会告诉孩子:"如果你现在还不立刻把衣服穿好,那我就自己走了。"

这种教育方式的问题在于,家长会经常跟自己的孩子陷于权力斗争之中,使大家的生活不再和谐。我们每天早上都必须拿出"如果……就……"的大棒子,才能让孩子穿上衣服。如果我们经常这么大发牢骚,会使双方都情绪低落,甚至一大早就出现争吵。

为什么会这样？

有一些孩子确实爱睡懒觉，早上喝完第一杯牛奶之前，他们无法集中精力来自己穿衣服。也有一些孩子必须得跟家长亲热一会儿，需要与爸爸和妈妈的身体接触才能获得能量，应对幼儿园充满压力的一天，这些孩子早上也不愿意自己穿衣服。另外，还有一些孩子，家长帮他们穿衣服的时候，他们会感觉到家长的爱意。

应该怎么办呢？

第一，帮着穿。如果你的孩子无法自己独立穿上衣服，而且在幼儿园里，在情绪好的日子里，或者在儿科医生那里也是这样，那你就应该心安理得地帮你这个早上睡不醒，或者需要亲热的孩子来穿衣服。这会产生消极的影响吗？会让孩子养成坏习惯，忘了怎么自己穿衣服吗？孩子到了18岁还会让家长帮忙穿衣服吗？这些可能性都微乎其微。孩子要跟家长睡在一张床上，或者按照孩子需要来喂奶的时候，别人也会这样吓唬我们，使我们忧心忡忡。孩子会一直跟家长睡在一起吗？永远也无法断奶吗？这些可怕的预言恐怕并没有真的实现过，因为人生来就有发展的能力，会追求独立。没有孩子会停留在婴儿或者幼童的阶段，所有的孩子总有一天都会断奶，会睡在自己的床上，会给自己穿衣服。如果我们早上帮孩子穿衣服，那我们就会让他们获得一些身体接触，补充一些爱意，并且给他们展示相互友好合作是怎样的。也就是说，不施加压力和威胁，而是每个人都齐心协力来达到共同的目标。这样我们就给孩子做出了合作的榜样。

第二，把衣服放在暖气片上烤一烤。我在自己孩子身上发现，他们早上不愿意自己马上穿衣服，是因为他们不想脱下暖和舒服的睡衣，套上冰冷的衣服。后来我就把他们要穿的衣服挂在卫生间的暖气上预热一会儿，情况一下就得到了好转，而且预热还有一个好的作用，那就是如果他们想趁热穿上衣服的话，他们就得加快速度。

第三，在地上铺一条穿衣服"大街"。有些孩子理解不了穿衣服的顺序，对这些孩子来说，可以采取一个小技巧，那就是把要穿的衣服摆在地板上，像一条大街一样，从床开始一直到卫生间。我们先把内裤放在孩子的床前，然后是衬衣，再隔上几步是毛衣，然后是长袜，最后是裤子。孩子还在床上的时候就把睡衣脱下来，然后一站一站地走过去，一件又一件地把衣服穿上，等他穿完了，也正好走进了卫生间。

第四，关注孩子的喜好。我女儿埃伦娜特别喜欢让我们帮她穿衣服。对她来说，我们帮忙也意味着我们对她的关注和爱。尽管如此，我们早上还会经常出现着急忙慌的情况，因为她需要很长时间才能把她的内衣从抽屉里找出来。她坐在抽屉前面东瞅瞅西看看，感觉需要一百年的时间，对我来说，这简直无法忍受。她把每一件衣服都拿出来，直到找出来她这天想穿的那一件。因为我每天早上要把三个孩子照顾好并送到幼儿园，所以这种拖延时间的做法总是让我生气。有一天，我急急忙忙地给她买了几件新内衣，一包两件的上衣，还有一包三条的内裤。埃伦娜很高兴地把两件上衣和两条内裤放在一起，配成了两套，然后把剩下的那一条没有上衣配套的短裤塞到了我的手里："这个我不需要，它没有上衣。"我恍然大悟，我的女儿是特别有秩序感的。早上她找内衣总是特别困难，因为没有找到在她看来真正可以搭配的衣服。我以前在买衣服的时候从来没有注意过这一点，因为我的另一个女儿卡洛塔和我的儿子约舒阿根本不在意衣服是不是一套。我把埃伦娜的内衣抽屉重新整理了一下，现在总是一件上衣和配套的裤子放在一起，一套一套、整整齐齐地摞成一摞。从那天起再也没有发生过找内衣这种问题，埃伦娜每天早上都高高兴兴地把那摞衣服最上面的一套拿起来，痛痛快快地穿上。

第五，推迟穿衣服。在有些日子里，孩子觉得游戏比穿衣服更重要，家长应该接受这一点。然后早上可以多问孩子几次："现在是不是想穿衣服了？"通常情况下，总会找到一个合适的时刻。实在不行，家长可以把衣服放到包里带上。如果家长不把这作为一种威胁，那到幼儿园穿衣服也未尝不可——早上在床上亲热的时间太长，不得不带着一个高高兴兴、穿着睡衣的女儿去幼儿园，这也没有什么让人不好意思的。

我们把穿衣服的时间和地点推移一下，也可以很好地避免这个难题。如果孩子拒绝在家里穿上滑雪服和鞋，也不想戴上帽子，那我们可以把这些东西放在门口走廊里，自己先穿好，然后锁上门，再给孩子在走廊里穿衣服。有时候孩子只是想试试，外面是不是真的像家长说的那样冷。这时候，我们也可以让孩子不穿外套和鞋到门外看一看，让他们感受一下温度，然后再回到屋里把衣服穿上。在90%的情况下，孩子都会放弃拒绝的态度，然后自己穿上衣服或让家长帮他们穿上。

让孩子自己穿衣服，有时候这个要求太高

下午放学去幼儿园接孩子的时候，有时候能看到有的家长站在衣帽间里，坚持让孩子自己穿上外套和鞋。尽管孩子已经通过喊叫或者哭泣来表示，他们不愿意或者不能自己穿衣服。

家长想要孩子养成独立的习惯，而且也不想总是去帮孩子或替孩子做他们已经会做的事情，这当然是可以理解的。但是在这种特殊情况下，让孩子自己穿衣服是对他们要求太高了。因为他们刚刚在幼儿园里度过了紧张的一天，有些孩子甚至在那儿待了八小时。现在他们想要而且能做到的就是扑进爸爸妈妈的怀里，跟他们亲热。而且他们这么做是有原因的，通过身体的接触，大脑会分泌催产素，而这是抵御内心压力最好的、最有效的物质。孩子这时候很想让爸爸妈妈帮自己穿衣服，因为这样他们就可以重建自己内心的平衡了。这其实完全是一种有能力的、独立的表现。

"饭菜经常撒得满地都是"

把饭碗、杯子甚至所有饭菜都扔到地上,这是典型的不合作行为,太多的家长都曾为此感到绝望。比较老的育儿指南里经常会有这样的建议:如果出现这种情况,马上停止吃饭。如果孩子把碗或者饭菜扔到地上,家长应该把东西捡起来拿走,然后告诉孩子,晚饭到此结束!因为他乱扔食物,显然是已经吃饱了。可惜的是,中断吃饭这种做法往往对孩子不奏效,下一回仍然会碗碟乱飞。

为什么会这样?

第一次碗掉在地上,一般是由于不小心。那时候孩子年龄还小,他的大幅度动作和精细动作还没有完全发展成熟,但是这时他的大脑已经理解了原因和结果之间的关系,因此,孩子会不停地做实验:如果他做某件事情,会发生什么反应?很有可能孩子是有意不断重复这种游戏,他想由此来检验他周围世界的物理原理:碗真的是每次都往下掉吗?每次它都会发出这种声音吗？它摔到地上，每次都是完整的，还是有时候会碎掉？如果碗掉下去，家人会做出何种反应？当然，这种"原因—结果"的测试并不是唯一可能的原因，许多孩子扔碗，只是想表示他们吃饱了或者吃完了，现在很无聊。由于他们通常情况下还没有用适当的方法来表达这种情况的能力，所以他们就会发出这种信号。即使家长会发出责备声，孩子也不会把这种责备关联到自己身上，因为他们还没有能力来认识家长的感情世界，也不会明白是他们扔碗的行为让家长生气，引起家长的责备。他们虽然能识别出一种关联："我一扔，爸爸的声音就提高了。"但是他们会觉得这很有趣，因为这也属于"原因—结果"的学习范畴。于是他们就会接着扔，想要检验一下，是不是每次扔碗之后，家长的音量都会提高。

如果从这个角度出发，那些育儿指南的建议看起来也没错：孩子一扔碗（或者饭菜、杯子），吃饭就停止了，这样孩子不是也学会了一种关联吗？"我扔碗，碗不见了。"这没错呀！但是在我们看来，这种做法是毫无意义的，如果孩子扔碗是因为他吃饱了，也就是说，在这一刻剩下的饭菜被拿走了，根本不会引起他的注意，那么对孩子来说，家长把碗拿走，这意味着"我明白你的意思啦，你吃饱了，那我就把碗拿走"。孩子觉得家长明白了他的意思，很高兴找到了一种方法让大人明白这件事，相应地，他也会把扔碗这个信号跟吃饱和无聊联系在一起，并且不断重复使用这个信号。他也会感到惊奇：为什么家长的音量越来越高？

让我们想象一下，孩子还没有吃饱，但是出于一种我们不知道的原因把碗扔下去了，这时候如果我们把碗拿走，中断晚餐，这么做我们家长的麻烦比孩子的还要多。因为很显然，孩子还没有吃饱，我们真的要让他们饿着肚子上床睡觉？今天的祖父母和曾祖父母，他们自己当家长的时候这么做过，他们的孩子不得不忍饥挨饿到第二天吃早餐的时候。但是从今天的观点来看，我们要奉劝家长，这种做法会影响亲子关系，并且导致用餐的时候气氛恶劣。今天家长的做法也不比前辈的好到哪儿去，他们会等孩子饿了再给他们一些吃的，那孩子会学到什么呢？什么也没有。对他们来说，他们完全搞不懂家长进行的奇怪仪式。有时候家长把碗拿走，有时候他们把碗拿出来，有时候要暂停吃饭，但是后来又有点儿吃的。孩子最多会想"随他们去吧"，把亲人的举动当作正常反应，但是，扔碗的行为大概仍然不会停止。

怎么办？

第一，使用真正的餐具。没错，我们是认真的。你们肯定从奶奶或者外婆那儿继承了漂亮的瓷器，让孩子摔碎，是不是有点儿可惜？请你们就用这些瓷餐具，即使很小的孩子也能听出区别来：一个摔不烂的树脂材料盘子掉在地上扑通一声，打个滚儿完好无损；一个真正的瓷盘子哗啦一声摔到地上，立刻碎成千百块。你们应该相信，没有孩子会有意地把这样一个盘子第二次扔到地上，就像蒙台梭利所说，对于孩子的发展最好的，是一开始就给他们用真正的餐具和真正的杯子。再看看你们的橱柜，那里是不是有三十年前的儿童瓷餐具？肯定还有吧，那你们能知道，三十年前的孩子就能让它们完好无损，你的孩子也能做到这一点。肯定能做到这一点。

第二，引进另外一个信号。扔餐具或者饭菜就像我们在上文中所说，是孩子发明的信号，想说他们饱了，或者感到无聊，但是家长由于无知增强了这个信号。一旦明白了这一点，我们就很容易教给孩子另外一个信号。但是这时候家长要注意了，如果我们总是告诉孩子不应该做什么，并不意味着孩子自动就能明白，他应该怎么做。在许多其他事情上也是如此。也许他能通过扔碗搞清楚，如果他扔碗，家长就会生气，但是他应该怎么做，必须由家长告诉他，或者演示给他看。最简单的是给他看，他可以在桌子上把碗推开，表示他吃完了。如果碗这时候又掉了下去，家长应该不声不响地把碗捡起来，放在孩子面前，然后说："你吃饱了吗？看，那就应该把碗这样往前推一点儿，这样我就更容易明白你的意思了。对，这就是说'我吃完了！'"家长应该在一段时间内坚持这么做，自己也应该这么做。如果孩子接受了家长的建议，家长应该对孩子高兴地微笑、点头。还有一些其他的信号也可以尝试，比如说，把椅子从桌边推开，从椅子上下来，或者扯一扯围嘴儿。那些习惯跟孩子一起用手势的家长，也可以使用"完成"的手势，把左手手掌在胸前摊平，右手掌手指朝前呈垂直放在左手掌下。

第三，留意好行为。我的孩子大概11个月的时候就开始自己用勺子或者叉子吃饭了。这比其他孩子要早一点儿，所以饭菜掉到地上的情况也更多一些。我从来没把这当回事，因为我很清楚，他们不是有意这么做的，而是因为他们的运动机能还没有成熟。在大约13个月的时候，我突然发现，我的一个女儿卡洛塔经常有意地让勺子掉到地上，让它发出声音。我觉得，她是以为勺子掉下去，属于吃饭过程的一部分。她并不明白，如果吃完了，应该把餐具放在盘子边上。我总是帮她把勺子捡起来，过了一段时间，我有点儿厌烦了。我就开始注意她，看她什么时候把勺子放在桌子上。第一次我差点儿错过，因为这个举动太不起眼，我的大脑根本就没打算注意它。我女儿也好像是无意之中，把勺子刚好放到自己盘子边上，然后去拿杯子喝水。我就抓住这个机会，看着静悄悄地坐在桌边的泰迪熊，对它说："泰迪熊，快看看！你的卡洛塔明白了，勺子应该放在盘子边上，真棒！"然后我满脸微笑地看着卡洛塔。这时候，我可以看出她的思维过程：她的眼睛惊奇地看看勺子，然后又看了看我，又看了看地板，然后又看了看勺子，然后她的整个身体都绷直了，她朝我微笑了一下。我肯定她在这个时刻恍然大悟了，她总算明白了，处置一个不需要的勺子被社会认可的方式是什么。从那一刻起，她经常会把勺子放在桌子上，很少再扔到地板上了。勺子再掉到地上我就捡起来，放回桌子上。我用了三天时间，密集地进行积极的反馈，接下来的一个星期里，当她把勺子放到盘子边上时，我时不时地会给予积极的反馈。再后来，我们这个问题就解决了，勺子毫无悬念地被放在了桌子上。

"我的孩子经常乱跑"

孩子的不合作行为中，最危险的一个就是乱跑。在经典的育儿指南中经常会看到这样的建议：家长要坚决，如果孩子违反规则，就拉着他们的手不放开，或者把他们放进婴儿车里。那些不让人放心的孩子就得剥夺他们的自由。我们并不想完全否定这种解决方案，因为这种方案肯定能保护孩子，孩子的安全当然是最重要的。但是我们也认为，肯定有大家更容易接受的其他方案，这样家庭生活就不会变成一种没完没了的斗争。因为绝大部分的孩子肯定会反对家长强制性地拉着他们的手，或者把他们放进婴儿车里。通常他们根本认识不到自己做错了什么。

为什么会这样？

许多孩子把乱跑当成一种游戏。他们会嘻嘻哈哈地从忧心忡忡的大人身边跑开，根本听不见大人的警告。他们处于游戏模式之中，根本看不到危险。还有一些孩子有特别强烈的狩猎天性，大概是我们人类过去都是猎人和采集者的缘故,是进化过程中遗留下来的。如果这些孩子看见一只猫、一只鸽子或者一个滚动的足球,他们就会不顾一切地跑着去追,这时候他们全神贯注,根本听不见大人的喊声。

再加上,我们人类的耳郭是朝前生长的,我们能够很清楚地听到从前面和侧面传来的声音,但是后面的往往听不清。如果大人在后边喊,而且距离较远,声波几乎无法到达孩子的耳朵,孩子确实听不到什么。如果孩子此时又专注于其他事情,那大脑会把这个声音当作不重要的信息过滤掉,这样孩子就完全感知不到大人在喊了。我们的耳朵每天都会听到无数的声音,大脑需要对它们进行加工。为了保护我们,大脑会把它们分成重要的和不重要的,可惜有时候大脑也会出错。

家长经常在无意识之中表达得不够精确,比如我们会说"别跑太远了,否则我就看不到你了",但具体是多远?一个孩子怎么能估计一个成年人能看多远?从他的年龄来讲,他的认知能力根本无法从另一个人的角度来判断情况。对处于爱乱跑年龄的孩子来说,家长都是超级英雄,无所不能。孩子根本不可能知道,我们隔着树丛或汽车就看不到他们了。因此,他们跑到家长看不见他们的地方并不是出于恶意,而是他们以为,家长能眼观六路。我们无法看见几公里外和拐弯的地方,孩子根本不会意识到这一点。

应该怎么办?

1.避免捉人游戏。我的双胞胎女儿卡洛塔和埃伦娜,现在都快6岁了,我很喜欢跟她们玩儿捉人游戏。在游乐场上，我是一个饼干渣怪兽，想追上她们，把前边这两个"可口的小饼干"吃掉。玩儿这个游戏时我们都笑得特别开心，而且让我这个40岁的人上气不接下气。"喂，身体，你怎么回事？你以前可是运动员的体格！"如果你们看到我们这种玩儿法，又听到我让你们避免玩儿捉人游戏，你们肯定会惊讶不已。但确实，在卡洛塔和埃伦娜3岁之前，我们从来没有玩儿过捉人游戏。我有意识地避免玩儿这个游戏。而且对我2岁的儿子约舒阿，我也尽量避免在后面追他。我这样做的原因是，我不想让他在街上跟我玩儿这个游戏，在有危险的地方从我身边跑开，因为他还不能区分"允许玩儿捉人游戏"和"捉人游戏危险"这两种情形。对他来说，无论在哪儿嘻嘻哈哈地跑开，让人追他都是一样的，因为这就是一个游戏，不管他是在街上跑，还是在安全的游乐场里玩儿。如果我们家长要求他先考虑一下捉人游戏是否可行，那对他的要求就太高了。因此，我决不会去追他，我也不会从后边去抓他的胳膊和外套。如果出现他跑开的情况，我虽然也会快步地追他，但只是在他看不见我的时候。只要他回头看我，我就马上故意地放慢脚步，然后我会大步超过他。但是不会慌慌张张地，而是从容不迫地转过身来，弯下腰从前面拦住他，这样他就绝不会有被追赶的感觉，因为大家都知道，这种感觉是玩儿捉人游戏时的信号。我会从前边挡住他的去路，然后看着他的眼睛，保证他的注意力在我身上，在专心听我说话。

  不能玩儿这么好玩儿的捉人游戏，你们肯定会觉得很遗憾。我们也理解这一点，但是我们并不是永远禁止玩儿这个游戏，而是建议推迟玩儿这个游戏的时间。大约从3岁开始——每个孩子可能还有一些不一样——孩子从认知上已经可以理解,在游乐场玩儿捉人游戏是可以的,但是在街上就不行,这时候你们就可以尽情地追你们的孩子了,直到你们喘不上气来。

2.交通训练。孩子开始学习走路时,就可以进行交通训练了。一开始很简单,你们跟自己1岁的孩子在人行道上走,你们可以有意地停下来,指着马路边的路缘石说:"停下,前面是马路,你只能跟爸爸妈妈一起过马路。"然后你们要抓着孩子的手一起过马路。这一点要切记,除非他们是坐在婴儿车里,或你们正抱着他。等你们来到一个信号灯跟前,可以指着信号灯的颜色说:"灯是红的,我们必须停下。"这时候你们还可以做一个停止的手势,或者唱一下交通儿歌:"红灯停,绿灯行。"等信号灯变绿的时候,你们可以明显地用高兴的语气说:"灯变绿了,现在我们可以走了!现在汽车都停下了。"这样我们就可以把孩子的注意力有目的地引向那个叫信号灯的"奇怪的东西",并且告诉孩子,这个东西很重要。

这么早就进行交通训练,其意义在于,孩子大约1岁时对父母讲的话是深信不疑的。自立期刚刚开始,在这个年龄,孩子基本上还依赖父母来理解周围世界,因此也愿意模仿父母。我们所说的话,他们都会当作不可推翻的事实来接受。如果在这个年龄,我们就展示给他们,在马路边上要停下来,红灯时不过马路,过马路时要拉着父母的手,而且这些都很重要,那他们就会牢牢地记住这些,等以后他们要独自走路的时候,就会调动这些记忆。他们两三岁的时候就会在马路边停下来等我们,因为以前他们也一直是这样做的。

等孩子大一些了,进行交通训练的时候,家长还要注意一点,就是不要替他们做所有的决定。一个总是跟着家长走的孩子，总有一天注意力会不集中，不再关注马路上的危险。如果在家长身边，这没什么，因为家长会注意；但是如果一直这样，孩子的大脑就会习惯，在马路上也可能进入白日梦的模式。也就是说，如果一个孩子自己去上学，他可能也会边走边做梦，而不是注意交通状况。我们当然不是说，家长要不停地、不管在哪儿都提醒孩子注意危险。我们的意思是，在比较小的街道上，我们可以让孩子自己做决定，判断什么时候可以一起过马路，或者请他们给我们带路去幼儿园，从幼儿园回家，或者从家去游乐场。家长应该跟孩子谈论坐哪趟地铁、在哪一站下车，展示给孩子看，在马路上集中注意力是很重要的。这样，在重要的情况下，孩子的大脑就不会再做白日梦了。

3.做好明确的约定，而且是事先。我们上面已经解释了，孩子会认为家长都是超级英雄，有超乎寻常的能力。他们根本不清楚家长能看多远，家长是不是还能看见他们。因此，跟孩子做好明确的约定就很重要，而且要在他们跑开之前就讲清楚，否则他们就不会注意听家长说话了。家长可以说："你可以跑到下一个路灯那儿。"在公园里也可以把路口拐弯处作为标志："你可以跑到下一个拐弯那儿，再远我就看不见你了，所以你要在那儿停下来。"在游乐场里，我们可以带着孩子画出一条想象中的线："在树丛里我就看不见你了，但是在那儿之前你都可以玩儿，灌木丛前边就是那条线，好不好？"

曾有一位妈妈绝望地向我们求教。她的大孩子要骑平衡车，但是她带着小宝宝追不上他，这可怎么办？如果走得太慢，大孩子很快就会感到无聊，就会骑着车往前跑。答案其实很简单,她应该告诉大孩子:"你可以骑到某个地方,如果我们太慢,你觉得无聊,那你就再骑回来找我们,好不好?你可以一直骑来骑去,直到我和弟弟跟上你。"通常情况下,这个解决方案会让所有的参与者满意,因此也容易实现。无聊很容易让孩子跑开,因此我们下面还会更详细地谈到这一点。

4. 实在不行就用牵引绳背包。我们上面提到过,有些孩子有很明显的狩猎本能,这些孩子身上跑来跑去的冲动会超过任何训练得来的行为方式。即使他们受到很多的交通训练,仍然会出现到了马路边停不下来,或者离家长太远的情况。双胞胎有时候也会出现问题:家长带着他们出门很可能会大汗淋漓,因为一个要朝东跑,另一个要朝西跑。应该追哪个呢?为什么他们不往同一个方向跑呢?

对于这些特殊情况,我们建议使用动物形状的牵引绳背包。我们知道这些背包很有争议,孩子当然不是小狗。但是老实说,我们宁可用牵引绳把孩子从马路上拽回来,也不愿意眼睁睁地看着他们被汽车撞了。确实有不少家长能力很强,带着好几个孩子过马路也能个个都照顾到。但是我们也不应该因此就去对别人评头论足,还是自己先体验一下双胞胎父母或小猎人父母的苦处,再来藐视他们吧。牵引绳背包并不是刑具,对孩子来说也不是一种侮辱,而是一种附带的安全保障,尤其是在他们坚决拒绝家长牵手或者坐婴儿车的情况下。通常,孩子也不会把这种背包当作牵引绳。对他们来说,这只是一个有趣的、长着长尾巴的动物,他们把它背在背上。只要父母不频繁地使用牵引绳,孩子并不会觉得这个背包像爸爸妈妈的手或者婴儿车一样限制他们的自由。因此家长要注意,只有在车辆很多的马路上才把牵引绳拉出来,其他情况下应该让孩子背着背包,自由地跑。但是家长要切记,即使有这种安全保障,仍然要让孩子进行交通训练。

莫里茨:有时候不让孩子跑开,对他们要求太高

曼迪(36岁)是2岁的莫里茨的妈妈,她曾经向我们求助,她的儿子总是从儿童游乐场跑出去:

莫里茨在游乐场上总是只在那些器械上玩儿一小会儿,然后就跑开。他会离开游乐场,而且连看也不看我一眼就直接跑掉了。我也想像其他家长一样坐在长椅上休息一会儿,希望他能在游乐场玩儿。其他孩子坐在沙坑里最少也能玩儿一小时的沙子,但是莫里茨却不会这么做,他对游乐场一点儿都不感兴趣。我常常问自己,怎样才能让他改掉乱跑的习惯。他还很小,很容易出事,比如撞上汽车什么的。

我们仔细研究了这种情况,这里面两种需求发生了冲突:一种是莫里茨想要跑的需求,一种是曼迪要休息的需求。我们当然很理解妈妈,可是我们也认为,在这种时候,她应该先让自己的需求靠后站。孩子跑一跑本来没什么,但是考虑到他可能会不分场合,跑一跑就变得危险了。莫里茨对游乐器械的兴趣不大,不愿意一直玩儿沙子,这也是完全正常的行为。莫里茨就是

一个喜欢跑的孩子,不喜欢在游乐场玩儿,只是他所在的环境让曼迪觉得有问题。这个游乐场没有围栏,周围还有很多马路。这时候其实她不需要改变孩子,只需要改变他的环境。她可以带着孩子去公园玩儿,在那里孩子可以随便跑,不会出事,或者去一个有围栏的游乐场。当然,我们估计他在这样的游乐场也会很快感到无聊,因为他根本不是一个喜欢游乐场的孩子。对他来说,那些能找到很多石头和树棍的开阔地可能更好,在那里他能找到足够玩耍的东西,曼迪也可以坐下来歇一会儿,这样两个人的需求都满足了。让这种喜欢跑来跑去、四处探索的孩子乖乖待在游乐场里,确实对他们要求太高了。

还有另外一种情况。这时家长告诉孩子不要跑开,也是对他们要求过高,那就是在孩子应该等待的时候。孩子只能等待很短的时间,因为他们还没有时间观念。有时候他们觉得几分钟像几小时,有时候又觉得几小时像几分钟。如果一个孩子什么事也不干,只在那儿干等,那就会出现两种情况:如果是陌生的环境,他会感到害怕,他对亲情的需求就会被激活,他就要找自己的爸爸妈妈;在熟悉的环境中,他会感到无聊,就会自己找事干。在这两种情况下,孩子都会离开等待的场所。如果你想让孩子在什么地方等你一小会儿,那你就应该避免出现让他无所事事的情况。而且在你走开之前,要给他明确的行为指导,可以对他说:"你弟弟想再玩儿两次滑梯,然后我们回家,大概只用两分钟。你可以在这块儿草地上等一会儿,摘一点儿蒲公英给我们的豚鼠吃。"或者说:"我得上趟楼拿点儿东西,两分钟就回来。你不是喜欢从台阶上往下跳着玩儿吗?你先试试,一会儿给我看看,你敢从多高往下跳。"当然，重要的是，家长建议的这些活动能持续一段时间，直到你们回来。如果这种活动太无趣，孩子又会无聊，又会想着去找其他的事情做。

"每天晚上睡觉前都要干一仗"

很多家长都有过这样的经历:下午和晚上陪孩子玩儿、念书,然后又陪孩子玩儿,又念书,做晚饭吃晚饭,帮他们洗漱完,最后一次念书,然后孩子总算该睡觉了,家长总算可以松口气了。但是孩子根本不想睡觉,他能从他的房间溜达到客厅一百次,一会儿要一杯水喝,一会儿要上厕所,一会儿说床下有个大怪物,一会儿觉得太热,一会儿觉得太冷,一会儿他的毛绒玩具不见了,一会儿他必须得讲一下幼儿园的事。

一开始家长还很耐心,给他拿水或者找他的毛绒玩具,但是过了一会儿,家长就要生气了,因为家长想休息一会儿,却不断地被打扰。有的家长不得不提高嗓门儿,批评孩子。这时孩子好像才明白,总算躺下不动,而且确实也很快就睡着了。为什么孩子就不能多配合一点儿?为什么非要责备他,才能让他老老实实待在自己房间里呢?

为什么会这样？

要想理解孩子这种行为的原因，我们就要先看一下亲子理论。孩子出生之后就会寻找一个可靠的亲密伴侣。通常这会是妈妈和爸爸。在1岁以前，这种亲情会越发强烈，家长会变成孩子安全的港湾，然后逐渐有新的关系亲密的人加入，比如，幼儿园老师、爷爷奶奶、叔叔阿姨、干爹干妈，还有保姆。但是亲情金字塔的塔尖上通常还是父母。也就是说，跟父母在一起，孩子觉得最安全、最舒服，他们最愿意二十四小时都跟父母在一起。孩子越大，他们越会渐渐地远离父母，但是至少在头三年，孩子希望父母每时每刻随叫随到，如果不行的话，他们也可以去找其他的亲人，但是他们的最爱还是父母。

在各种文献中，家长和孩子之间的亲密连接常常被比作一根橡皮筋，这根橡皮筋在不同的情况下受到不同程度的拉伸。比如，在亲子爬爬班里，一个亲情感很强的婴儿爬着远离妈妈，研究周围的环境，但是几分钟以后，他还会回到妈妈的怀抱，在那里通过身体接触来获取力量。爬回去这个信号来自孩子，他会感觉到一种对于家长的突如其来的思念。这种思念、渴望让他想马上得到安慰，这时亲情的橡皮筋就处于绷紧的状态。由于橡皮筋不愿意一直紧绷绷的，所以亲情的纽带就把孩子带回到妈妈身边，这样与亲人的身体接触马上实现了，减少了孩子刚刚经历的冒险所带来的压力（这种压力当然不是坏的压力），因为这时身体分泌了幸福激素。这使得大脑中发生了两件事情：一个是通过激素分泌，孩子的勇气得到了奖赏，他征服了一个陌生的领域，感觉自己很有力量；另一个是通过与亲人的身体接触，一股暖流会流遍他的全身，与家人的紧密联系会让他心情平静。这就是我们给予孩子的根和翅膀，一方面是亲密的联系，另一方面是感觉自己有力量。

孩子在自己的床上一个人睡觉，和在陌生的环境里乱爬有相似之处，这都是勇敢的行为，因为我们保存着远古时代记忆的大脑还是把入睡和危险联系起来。尽管孩子房里已经没有豺狗或者其他凶猛的动物，但是一旦灯关了，大脑就会像几千年前的祖先一样做出压力反应。那么在这种压力下，孩子的身体会做出何种反应呢？对，他的亲情需求就被激活了，橡皮筋想迅速地缩回安全的港湾。孩子被他自己的冲动拉出被窝儿，走进客厅去找我们。孩子当然不可能知道，这种做法是要摆脱内心的压力，是要分泌催产素。他也不知道为什么自己会不断起身去找父母，他只是感觉到他必须这样做。他也知道大人不喜欢他这样，大人需要安静地休息，不希望无缘无故地被打扰。因此孩子就会找出一些借口，他记得，大人过去对这些借口的反应不是那么生气。口渴了？没问题，有可能真是如此，于是我们就给孩子倒水。上厕所？好吧，谁也不想夜里发生尿床事故，那就赶紧上厕所吧。饿了？我的天，我们可是刚刚吃完晚饭。好吧，那再给一块儿面包，让孩子饿着肚子好像也不好。什么？妖怪！嘿嘿，好吧，家长对孩子的恐惧一定要重视：“好，我去拿灭妖喷雾剂。"……

这并不是孩子有意要捣乱，他只是被亲情所驱使。从纯粹认知的角度，孩子当然知道我们就在隔壁房间，他什么事也不会出。但是这种对亲情的渴望仍然希望表达出来。当然，孩子也会察觉到，他越来越不受欢迎，等到我们真正生了气，冲他喊叫起来，让他赶紧去睡，他才会忽略他内心那绷紧的橡皮筋。他能做到这一点，因为孩子都会委曲求全，讨家长的欢心，但是这么去睡觉可不怎么美好。

亲情金字塔也给我们解释了，为什么孩子晚上经常会钻到我们床上，而不是在他们的小床上接着睡。他们醒了一下，这是完全正常的，感觉到他们内心绷紧的橡皮筋，然后就蹑手蹑脚地走向他们安全的港湾，想通过身体接触来摆脱这种不舒服的紧绷状态。这个理论也让我们明白，为什么我们的孩子在保姆那儿或者爷爷奶奶那儿，往往能更快、更顺利地入睡，甚至一夜不醒，因为这些人在亲情金字塔里地位较低，因此他们也不是孩子要驶向的安全港湾，亲情纽带不会自动地缩向他们的方向。孩子感觉他们的吸引力并不是那么大，不像"一号"和"二号"亲人。父母不在身边时，孩子本来就处于"省电模式"，也就是说，他会乖乖等着爸爸妈妈回来（尽管别人也把他照顾得很好）。如果坐在客厅里照看他的那个人并不能让他的身体很快地分泌催产素，那身体也不会启动冲动，去找那个人。对身体和精神来说，躺着不动、快快睡着都是对能量更有效的利用。

我们并不是想说，作为家长晚上就不能出门，不是这样的。孩子完全可以毫无问题地度过这样的时间，本来让保姆照看孩子的夜晚也不多。如果奶奶或者保姆晚上经常送孩子上床，那孩子就会自动地跟她们建立起十分紧密的联系，她们有一天就会变成安全的港湾。

怎么办？

1.陪着入睡。要解决这个问题，最简单的方法就是陪着入睡。如果我们躺在孩子的身边，他就不用从床上下来，不会去打扰我们的夜生活，因为他的亲情纽带根本就没有绷紧。他紧挨在我们身边，不需要害怕剑齿虎，也就可以安静下来。对孩子来说，这通常也是最温馨、最美好的入睡方式。

我陪着孩子入睡已经有五年多了，老实说，成年人当然有更好的方式来度过夜晚，而且甚至有不少时候，我感到被孩子困在了这张床上，也会不胜其烦。这时候，孩子当然会察觉到这一点，安静下来的速度也就不会那么快。我越是想要走出儿童房，因为还要写一篇文章，或者朋友坐在客厅里想跟我聊天，那孩子入睡需要的时间也就越长。有两个东西帮了我的忙，一个是我的智能手机，电话是我与外界联系的重要方式，我可以发微信，回复博客里的问题，或者跟朋友交流，所以陪伴孩子入睡，对我来说并不是浪费时间。我利用这个时间休息，同时又可以陪伴孩子。另一个对我有帮助的是一种想法，那就是陪伴入睡的时间是有限的，我们的孩子不会永远都是小孩，他们不会永远都是我们的"跟屁虫"。我女儿出生后头三个月，经常睡在我的胸口上，一转眼这段时间就过去了，我是多么想念那段时光啊！那个小小的、热乎乎的、沉甸甸趴在我身上的小家伙，她长着绒毛的小脑袋就在我的鼻子底下，散发着婴儿特有的气味。唉，现在回想起来，就连其他的阶段也都是飞速而逝。孩子一下子就6岁了，变得很酷，不需要有人陪着入睡了。这时我们做父母的就坐在客厅里想，那段时间我们觉得特别漫长，但是我们真的好好利用那段时间了吗？我们真正利用各种机会接近我们的孩子了吗？因为从现在开始，他们会与我们渐行渐远。他们当然跟我们还有亲情的连接，但是6岁之后，他们会越来越远离我们，从他们在幼儿园好朋友家里过夜，直到他们离开家搬进自己的房子。因此，我们应该把陪伴入睡看作享受共同时光的机会，因此，我现在仍然几乎每个晚上都躺在我的孩子身边，陪伴他们入睡，倾听他们的呼吸，握着他们的小手，这样以后我就不会责怪自己错过了这些美好的时刻。

2.自己决定什么时候上床。我的三个孩子可以在家长陪伴入睡和自己决定什么时候上床之间选择。如果选择了后者，他们就可以在自己的房间里随便玩儿，只要不吵闹就行，直到他们真的感觉困了，他们就自己上床，把灯关上，通常他们会在一分钟之内就睡着。令人惊讶的是，这种安排经常很顺利，也给我机会收拾一下厨房，或者处理一些重要的文件，或者做其他该做的事情。卡洛塔、埃伦娜和约舒阿在这样的晚上会沉浸在他们自己的游戏里，而且通常不会走出自己的房间。

我的女儿们常常做出不同的决定。埃伦娜不想睡觉，她还要画画儿和做手工。而卡洛塔在另外一个房间里挨着我和约舒阿躺着，试着入睡，这种方法也不错。当然有时候他们也会到厨房来找我，想让我陪他们睡觉，因为他们做出了"错误的"决定。别人经常问我，如果让孩子自己决定什么时候上床，第二天他们是不是会很困？是的，有时候会出现这种情况，但是这往往是例外，并不是经常发生。他们可以很好地估计自己的状况，因为他们不会像我们成年人一样被电视和手机弄得全无睡意。他们可以很好地识别自己身体的信号,就连我2岁的儿子约舒阿也可以很准确地告诉我,他想什么时候睡觉。而且这时候他很配合,会让我赶紧给他换上纸尿裤,也愿意让我给他刷牙。

家长如果要采取"自己决定什么时候睡觉"的做法,那当然需要给孩子一个习惯的阶段。一开始孩子肯定想尽量推迟上床睡觉的时间,但是几天之后,一切就会自动得到调节。

3.兄弟姐妹睡一床。我们很喜欢兄弟姐妹睡一床这种方法,因为一方面这可以让孩子更容易脱离父母的陪伴,另一方面,床上还是有一个亲人可以在夜里挤在一起,也就是他们的兄弟姐妹。我的女儿们有一张同睡的大床,有一米四宽、两米长。

同睡一张床当然有一个问题,那就是在入睡前还要闹一下。两个孩子一起睡肯定会先闹一下,但是我发现,这是一个很自然的过程,会在最终睡着之前短暂出现,甚至会更有利于睡眠,因为这样更顺应孩子的天性。一个典型的夜晚是这样的:孩子先在亮着灯的儿童房里玩儿。他们困了,但还不想睡觉。等他们无法再专注于安静的游戏时,他们就会相互折腾,在床上打来打去或者蹦蹦跳跳,这大概会持续五到十五分钟,这时候他们的能量会被耗光。这些能量是刚才安静、专注地做游戏时积攒下来的,耗光后打打闹闹会自行消失。有时候孩子也会哭,这时候家长就应该来安慰他们。但是更常见的是,他们自己把灯关上然后躺下,有时候他们还会再说会儿话,但是一般不会太长,最多五分钟之后他们就睡着了。

这里必须要注意的是,孩子要足够大,才能共睡一床。1岁以下的婴儿不应该跟大孩子睡在一起。只有当孩子足够大，在必要的时候能翻身离开或者把被子掀掉，或者懂得表达怎么让大孩子知道挤着他了，这时候才能让他和大孩子睡在一起。

4.家长要不断进来查看。孩子总是从他们的房间里出来，大多数情况下是因为他们突然有了亲情渴望，那我们就可以抢先行动，定时去他们的房间照看。如果家长能够定时去照看他们，那亲情的纽带就不会绷得太紧，孩子就会躺在床上入睡，不会打扰客厅里的大人。

"磨蹭妹和磨叽哥"

一件事情结束，另一件事情开始的时候，有些孩子不知道应该怎么办。比如，他们特别不喜欢穿衣服，因为这意味着他们要先脱下漂亮温暖的睡衣；他们也不喜欢出门，因为这样他们就会跟自己的玩具分开，还要穿鞋和外套。一旦穿好衣服出了门，那一切就没问题了，他们也很高兴。可是这之前家长得不停地催促他们，他们也会反抗。他们磨叽个没完。家长觉得他们无精打采、磨磨蹭蹭，就会怒火中烧。但是一旦他们进入了新的情景，他们玩儿得也很开心，有创造力，并且不怕吃苦。只是从一个情景向另一个情景过渡的时候，才会出现问题。

为什么会这样？

磨磨蹭蹭应该说是孩子的一项基本权利，他们这种不慌不忙的做法，实际上比我们成年人要聪明。我们不停地看表，因为我们要奔赴的约会太多了。有时候孩子磨磨蹭蹭，是因为他们难以忍受两个阶段之间的转换。孩子越小，转换对他们来说越难，他们就越是磨磨蹭蹭。这是因为孩子的大脑还不能特别灵活地对情况的变化及时做出反应，在孩子的头脑中要先执行一些小程序，如果这些程序不能一步一步地做完，大脑就会陷入危机。

比如我的女儿埃伦娜，如果她先下楼梯，再把外套的拉链拉上，就会出现问题。她的习惯是完全穿好衣服再出门。如果我们早上时间很紧，我希望她把外套先穿上，然后我们在街上等红灯的时候再帮她完全拉上拉链，这样就可以节省一些时间。可这样做，每次都让她糊里糊涂。她的行动会出现停顿，好像是卡了壳，根本跟不上我的思路。在外人看来她好像是在反抗，但其实不是，她只是无力应对这种情况。对事情做出临时的反应是大脑需要逐渐学习的一种认知能力，这一点我们家长应该牢记于心。

大一点儿的孩子（大概从4岁开始）如果磨磨蹭蹭，那可能是因为"门槛恐惧症"，这样的孩子会拒绝新事物、新情况或者新任务。即使这些东西看起来很有意思，但他们就是不想跨过通往新任务的门槛。他们一直犹犹豫豫，推迟再三，甚至会找出办法来，避免做新的事情，这时他们会磨磨蹭蹭。有些成年人也有门槛恐惧症，但是大家喜欢把这称为拖延症（这并不完全正确，因为拖延是恐惧的结果）。家长需要特别细心，才能帮孩子克服门槛恐惧症。这是能够做到的，孩子的积极体验越多，越是容易做到这一点。

怎么办？

1.有规律地对过渡期进行预告。在日常生活中，我们会经常遇到阶段的转换。我们以从幼儿园接孩子这段时间为例子。第一个阶段转换是接孩子。孩子在幼儿园里正玩儿得高兴，爸爸来了，想把他接走。一开始孩子会不开心，甚至跑开，因为他还不想跟爸爸走。如果爸爸成功说服他回家，那通常还要去一趟游乐场，这时候孩子会先嘟囔一会儿，然后才进入游戏状态。在接孩子阶段和游乐场阶段之间，已经转换为第二个阶段了。如果过了一会儿爸爸要回家，孩子就会再次抗议，他还想接着玩儿，因此就开始磨蹭。这时候又有一个阶段转换：从游乐场到回家的路上。接下来还会一直如此，直到孩子上床。人生就是一连串的情景转换。如果孩子应对这种情况有困难，那对全家人来说都是一件很吃力的事情，尤其是当一家人的性格不一样的时候。如果家长自己干脆利落，眼观六路耳听八方，那一个慢吞吞的孩子肯定会让他们绝望。

那家长应该怎样帮助自己的孩子呢？我们的建议是，有规律地预告阶段转换，让孩子对即将到来的事情有所准备。也许大多数家长都已经这么做了，通常效果比较好的是"五三一规则"：家长可以对孩子说，"过五分钟我们去幼儿园""过三分钟我们去幼儿园""过一分钟我们去幼儿园"。大部分情况下，这么做会使过渡变得轻松。这里需要注意的是，我们要遵守预告的时间，不能预告了五分钟，最后要过十分钟甚至十五分钟才出门，那孩子就会有一种错误的时间观念。对更小的孩子来说，人们也可以使用"再来一次，然后结束"的规则，这对他们来说比几分钟更容易理解。

另外，对阶段转换进行语言上的解释也是很有必要的。家长可以说"过三分钟我们出发"，紧接着简短解释一下，这段时间里孩子应该做什么，比如"你应该把你的鞋和外套穿上"。这样孩子不仅知道了什么时候场景转换会发生，而且知道他具体应该做什么。

2.设闹钟。有些孩子需要一个时间权威发出听觉的信号，才能动起来。对这些孩子来说，"时间守卫者"钟表就很合适。一个普通的闹钟当然也可以，但问题是人得不断地调。用手机当然也行，比如，我的手机在七点、七点十五、七点半和八点钟都会响起来，这分别是孩子需要起床、穿衣服、刷牙、吃早饭和出发的时间。

简单的沙漏也很有帮助。我们家里有一套能显示不同时间的沙漏，有一分钟的、三分钟的、五分钟的和十分钟的。孩子很喜欢把沙漏倒过来，观察时间的流逝。但很遗憾，沙漏不会发出声音信号。如果孩子被游戏分散了注意力，就有可能会出现沙漏已经漏光、时间点被错过的情况。

3.自制一个相册。这是我们能给大家最好的建议。把不断重复的仪式做成相册，在睡觉前那段时间里看自己制作的相册最为合适。大家可以在所有晚上的情景中给自己的孩子拍个照。在我们家是吃晚饭、洗手和嘴、做游戏、脱衣服、洗澡、换纸尿裤、刷牙、穿睡衣、套睡袋、上床听故事、喂奶、睡着。我们给每一个时间点都拍了一张照片，做成一页，这样我的女儿们在大约11个月大的时候就可以在时间上获得引导，知道下一步会发生什么。这样，每天晚上的仪式突然变得轻松了许多。首先，我们会一起看自己制作的这个相册，然后我会在每一个步骤开始之前询问这本相册里的内容，下一步该干什么了？我们需要查一下吗？哦，要刷牙了！在每晚举行仪式时，我们也会把这本相册拿上，从一站到另一站，每到一站就翻开新的一页。因为这给了孩子很多行为上的确定性,让他们预先就知道家长会要求他们做什么,所以他们真的很喜欢这本相册。

过了一段时间,孩子甚至开始很自豪地进行预告,下一页上是什么东西。也就是说,这些步骤的顺序,他们已经牢记于心,实际上根本就不再需要这本相册了。但是这本相册仍然忠实地陪伴了我们很长时间,现在静静地躺在孩子的回忆箱里。

对年龄较大(3岁以上)的磨叽孩子,他们已经可以接受一些结构性的帮助,这时候家长可以列一些计划,比如画出早上和晚上要做的事的每一个步骤,孩子每做完一步就可以在上面打钩。要注意的是,孩子做完这些事后,家长不应该给他们奖励,因为这种做法的目的就在于让大一点儿的孩子能够从视觉上了解整个事情的过程,使他们获得行动的确定感,并且在过渡阶段得到帮助。有些成年人也会这么做,他们会有一个清单,做完一件事就划掉一个,这让他们感觉良好。

4.说再见。尤其是年龄小(最多到3岁半)的孩子会在情景转换时离开某些东西或人,觉得难以接受。家长除了应该像我们在前文中解释的那样,给孩子留出时间,还可以使用这样一个小技巧,那就是跟东西说再见:"再见,大垃圾车,我们明天再见""再见幼儿园,我明天还来""再见三轮车,你在车库里等着我们"。用这种明确的方式表示结束,让孩子头脑中的程序完成,孩子就会觉得走开容易多了。

5.带走点儿东西。对我的儿子约舒阿来说,出门之前必须要跟他的玩具垃圾车说再见,我通常会建议他把两个小的玩具垃圾桶带上,这样他们就不必彻底分离了。这个技巧，我在我的双胞胎女儿身上就使用过。那时候她们还很小，早上不愿意去幼儿园，因为她们跟自己的玩具玩儿得正高兴。这时候我就允许她们带上一件玩具，在路上可以抱着，等到了幼儿园，她们通常就会被别的事情吸引过去，这样我就可以简简单单地把玩具拿走了。有时候，玩具也在衣帽间里等着他们。从家里带来的一个物品会帮助孩子度过一天，就好像一个小小的脐带一样。

6.对那些有门槛恐惧症的孩子，要把大任务化小。在学校里，老师帮助有门槛恐惧症的孩子的方法是，把他们要完成的任务尽量分成小的步骤，比如一大张数学题，他们马上会拒绝，不会去做，但是如果老师把这一页折叠一下，只露出第一道题，然后问孩子："这儿写着，算算二加三等于几？你知道应该怎么做吗？"这样就给了孩子一个小小的推动。老师和孩子共同越过这个门槛，孩子就会开始动手做题，通常也会一步一步地顺利完成任务。

家长也可以在日常生活中学习这种方法。一个孩子即使已经5岁了，如果早上家长要求他："把你的睡衣脱下来放到床上，找出自己的衣服穿上。我在厨房等着你。"这种做法永远不会成功，只会让双方都感到沮丧，因为对孩子来说，这个任务太大了，他根本不会着手去做，而是宁愿磨磨蹭蹭或者玩耍。孩子确实能够独立完成这里边的每一个步骤，家长鉴于他的年龄，也会坚持让他自己来做这些事，但是要想让孩子真正开始动手，就要向他施加很大的压力。家长施加的压力（唠叨、抱怨、提醒）一定要超过门槛恐惧症所带来的内心的压力，这虽然也行得通，但是彼此之间的友好气氛就会消失殆尽。所有人都感到压力，从而情绪变坏，而且从长远看，这也不会对孩子克服门槛恐惧症有任何帮助。

所以请家长把大的任务分成小的步骤，即使在你们看来这些任务很小，但是也应该一步一步地要求孩子去做：第一，把睡衣脱下来；第二，把睡衣放在床上；第三，从柜子里找衣服；第四，穿衣服（在比较困难的情况下，还应该把穿衣服分成几步）；第五，到厨房来吃早餐。

这其实跟把数学题折起来是一个道理，但是家长在这里还应该多做一些，那就是帮助孩子跨越门槛。这五个步骤刚开始的时候家长都应该在场，家长不是要监督孩子，而是在必要的时候给予他们支持。比如家长可以帮孩子把套头的睡衣脱下来，或者把睡衣交到孩子手里，让他们把睡衣放在床上，或者跟孩子一起到柜子那儿去，帮他们打开柜子，这样就跟孩子一起跨越了门槛，孩子就会自己开始行动，家长就可以抽身而退了。

"换新纸尿裤——没门儿!"

一个让家长恨得牙根儿痒痒的情况是,孩子拒绝换纸尿裤。许多孩子好像都不喜欢换纸尿裤,他们尤其会奋力保护里面有屎屎的纸尿裤。在这种情况下,家长和孩子就会爆发经常性的纸尿裤战争。

为什么会这样?

孩子有很多个人的原因拒绝换纸尿裤。有些孩子不想中断他们的游戏,他们害怕一旦被从游戏状态中拉出来,就没法儿再回去,因为通常家长在换完纸尿裤之后,会让他们吃晚饭或出发去幼儿园。因此,他们会隐瞒已经拉在纸尿裤里的情况。如果家长直接问他们,他们经常回答说:"没有。"

有些孩子从11个月开始就拒绝躺着换纸尿裤。他们会手脚并用地反抗,哭喊声就好像屁股上扎了钉子。对这些孩子来说,拒绝的态度和他们的排泄物没有关系,主要原因是他们要采取躺着这种无助的姿势换纸尿裤。这时家长要照顾到他们对自己身体的自主权,找到另外一个换纸尿裤的姿势,这样问题也就解决了。

另一些孩子觉得换纸尿裤不舒服是因为太冷，即使暖气很足，但是冰凉的湿纸巾擦在屁股上还是很不舒服，那些怕冷的孩子就宁可穿着热乎乎的"屈屈裤"。当然，这里还有心理上的原因。孩子此时还处于较低的认知阶段，他们可能还以为排泄物是自己身体的一部分，是他们有意"给予"的。就像剪指甲和剪头发一样，要把自己的固体排泄物交出去，对一些孩子来说，是一个让人恐惧的步骤，因为每次他们都会觉得交出了自己身体的一个重要部分。

怎么办？

先搞清是什么原因让孩子这么做，然后家长可以采用不同的解决方法。

1.明确。我们走上需求引导的教育之路，有时候难免会磕磕绊绊，因为有时无法清楚地区别，某些事情只是孩子的一个愿望，还是一种真正的需求。即使它是一种需求，如果家长有完全相反的需求，那该怎么办？换纸尿裤的时候经常会出现一种误解，如果孩子强烈反对把满是屈屈的纸尿裤交出来，有些爸爸妈妈就会听任孩子这么做，因为他们不想去干涉孩子自主的决定。但是他们对这种情况又十分不满，因为如果这样，孩子的屁股不仅会很快长尿疹，而且对周围的人来说，也是一个嗅觉上的挑战，让人几乎难以忍受。这时，孩子的愿望或者需求（保留纸尿裤）就跟家长的需求（保护孩子的屁股，避免忍受臭味）发生了冲撞。一旦发生这种情况，家长就应该权衡一下，哪种需求更重要，谁应该让步。面对一个满是屁屁的纸尿裤，家长其实根本就不用问，全家人没有必要忍受纸尿裤里的气味，应该赶紧换掉，而且对孩子的皮肤也好。所以这时家长的需求明显比孩子的需求更重要。搞清楚了这一点，家长就可以更明确地去对付那些拒绝换纸尿裤的小家伙了。我们不用问"是不是可以换纸尿裤"，而是友好但明确地决定这么做。

我们并不是想说，这样就能更容易地劝说孩子去换纸尿裤。极有可能孩子仍然拒绝。因此，这时候家长应该信心十足，在这种情况下把自己的需求放在首位是没有问题的。家长的明确态度也会让孩子更容易接受这种让他们感到不愉快的事情，在这种情况下，面对孩子时，不要像一个请求者，好像要祈求他合作。我们在其他地方已经讲过，如果家长内心对自己仔细权衡的决定没有任何怀疑，那孩子也会获得更多的行为确定性。

2. 做到善解人意。我们知道，绝大部分家长都能做到这一点，但是我们仍然想再提醒一下大家，家长在整个换纸尿裤的过程中应该自始至终做到善解人意，并且带着最大限度的尊重。我们经常能看到，家长会当着别人的面闻孩子的屁股，想要确认是不是有必要换纸尿裤。我们觉得这对那个小家伙来说，是一种缺乏尊重的做法。家长肯定有其他方法做到这一点。另外还要注意的是，不要二话不说就把孩子抱起来，应该先预告一下现在要做什么了，并且用语言来表述这些步骤。要做到不慌不忙，动作温柔，经常抚摸孩子。这些附加的小动作都有助于为孩子创造一个积极的换纸尿裤的体验。

3. 制造温暖的环境。需要注意的是，让孩子在换纸尿裤的时候真正感觉温暖。请把暖气打开或者使用太阳灯，也可以在换纸尿裤之前，把新的纸尿裤和湿纸巾放在暖气片上烤一下，这样对孩子来说会更舒服。

4.站着换纸尿裤。在我两个女儿身上，我只敢给她们站着换纸尿裤，而我的儿子很早就开始反对躺着换纸尿裤，这就把我锻炼成了在各种情况下换纸尿裤的专家。通过一些练习，家长肯定会干净利索地换下脏的纸尿裤。前提条件当然是孩子要合作，他得站着。要保证这一点，家长可以给孩子一个有趣的玩具，这一点我们下面还会讲到。另外，我儿子换纸尿裤的时候站在卫生间的地板上。现在也有带栏杆的、很漂亮的抽屉柜（按照艾米·皮克勒[①]的理念），是专为站着换纸尿裤设计的。

5.准备好换纸尿裤的玩具。让换纸尿裤成为一种美好的体验是很重要的，这其中包括，家长要看着孩子，跟他说话，让他来参与整个过程，比如，可以让他把湿纸巾从盒子里拽出来，或者挑选一个新的纸尿裤。如果家长跟孩子总是密切接触，孩子也喜欢这种二人世界，那就不用考虑下面的建议了。但如果孩子大一些，更想玩耍，而不是在换纸尿裤的时候看着妈妈的眼睛，那就应该塞到他手里一个有趣的玩具，分散他的注意力，这会有助于顺利完成整个过程。要让这个玩具有新鲜感，那就应该只在换纸尿裤的时候拿出来，并且要经常更换。我们家其实并不喜欢声光电动玩具，但是换纸尿裤的时候可以例外。所有能让这一过程顺利进行的事情都是允许的。孩子想要你的手机？没问题，为什么不呢？也许在抽屉柜的上方装一面镜子更有

[①] 艾米·皮克勒（1902-1984）：匈牙利儿科医生、儿童教育家。——编者注

用,这样孩子就可以看家长是怎样给自己换纸尿裤的了。

6.说傻话。换纸尿裤时,我们还有一个很有趣的建议,那就是家长可以跟孩子一起说傻话。家长可以用夸张的语调预告马上要换纸尿裤,然后高声发问:"今天纸尿裤里的内容,看起来会是什么样呢?是兔子的小屎蛋?是大象的大屎球?是一摊牛屎?是苍蝇拉的小黑点?还是小狗拉的小屎橛?"这种做法可以鼓励孩子自觉地把纸尿裤脱下来进行查看,家长还可以跟孩子一起详细评估一下纸尿裤里的内容。家长可以一边跟孩子进行有趣的谈话,一边快快地、悄悄地把孩子的屁股擦干净。另外有一些书籍也很有帮助,比如《便便变变变》《是谁嗯嗯在我的头上》,这些书里讲的都是不同动物的排泄物的质地。

7.允许孩子探索。所有孩子都喜欢探索自己的身体,这是自然而然又很美好的事情,我们成年人不应该禁止他们。尤其是男孩,很早就察觉到小鸡鸡会给他们带来舒服的感觉。孩子6个月的时候,胳膊的协调能力足够成熟,他们就能够摸到自己的裤裆,男孩就开始揪他的小鸡鸡了。这会持续很长时间,也确实有其意义。孩子会通过这样的动作,一点儿一点儿没有痛苦地消除包皮的自然粘连,因此在换纸尿裤时,给孩子机会抚摸自己是很重要的。遗憾的是,很多家长经常会说:"不许摸那儿,否则鸡鸡就掉了。"这是应该尽量避免的。

8.旋转180°。有些孩子一躺在换纸尿裤的台子上就喜欢蹬人。他们这么做,大部分并不是出于恶意或者让家长疼,而是享受运动的快乐。也许他们是想知道会发生什么事情:爸爸会做出何种反应?妈妈呢?两个人的反应一样吗？对孩子来说，这是一个原因和结果的实验。当然被踢一下很疼，所以家长也可以使用一个小技巧，把孩子旋转90°或180°，让他侧面或者头朝家长躺着。用这种姿势给孩子换纸尿裤，看上去有点儿奇怪，但是很快你们就会习惯。请尝试一下吧。

9.把孩子放回原处。换完纸尿裤后，把孩子放回原处是很重要的，如果他们刚才在玩儿玩具火车，那家长就应该把他们放在原来的地方，让他们继续玩儿。即使马上要出门了，也可以允许他们再玩儿几分钟。这样孩子就可以确定，虽然换纸尿裤让人讨厌，打断了他们的游戏，但是游戏不会因此而终止。一旦孩子明白这一点，他们与家长的换纸尿裤之战也就会明显减少。

10.不用纸尿裤也行。即使是刚刚生下的婴儿，在他们要方便的时候也会给出明确的信号。如果家长能够解读这些信号，或者掌握了孩子通常会拉在纸尿裤里的时间，那就可以试试去把孩子。婴儿经常会在吃奶的时候拉臭臭，这时候家长可以使用小便盆，放在孩子的屁股底下。如果孩子在夜里睡得特别不踏实，辗转反侧，喂奶和奶嘴都无法让他们安静下来，那极有可能他们是想拉臭臭了，这时候家长可以把他们的衣服脱下来，去厕所把他们一下，之后他们一般都会睡得很踏实。婴儿刚刚睡醒或者刚从婴儿车上下来时，通常会立刻嘘嘘。有些孩子在嘘嘘之前会打个哆嗦，有些会目光迷离，另外有些孩子甚至会躲到一个角落里。发现这些情况，如果孩子不反抗的话，家长都值得去试一试把孩子。夏天也可以让孩子不穿纸尿裤，不穿裤子。当然，也要保护他们的隐私，这样他们会对自己的身体和排泄物发展出正确的感觉。

11.治疗肛裂。如果家长觉得,孩子是因为出现肛裂而拒绝换纸尿裤,那就应该治疗一下。如果大便过于干燥,排泄的时候就会出现肛裂。对孩子来说这特别不舒服,家长可以使用含锌软膏,或者脂肪含量很高的护肤霜。但最重要的是,要让孩子的大便保持柔软,因为即使那些很小的创伤,也会在每次用力的时候变得更严重。所以要让孩子多喝水,多吃富含纤维的食物,比如,一些全麦的食品、杂粮面包、全谷物麦片、糙米,另外还有新鲜的蔬菜,比如,胡萝卜、苤蓝、黄瓜、柿子椒等。熟透的水果也可以帮助消化,要注意,尽量不要让孩子把果核吃掉,比如苹果核、葡萄籽,因为这些在出现肛裂的时候都会让孩子感到疼痛。食物中的纤维会吸收足够的水分,膨胀起来,使大便柔软。乳糖有轻泄的功效,也可以使大便柔软。正常的牛奶里就含有乳糖,酸奶等发酵乳制品中也含有乳糖。另外要注意让孩子有足够的运动量,这样可以刺激大肠的运动。让孩子多跑、上楼梯、骑自行车、滑滑板,这样既可以防止便秘,也有益于他们的健康。

少给孩子设限制

如果认为孩子"只是"小屁孩,还没有像大人一样有远见,就完全漠视他们的需求,会导致大人与孩子之间长期的不和谐。这时孩子会觉得,他们需要为自己的愿望进行强烈的斗争,而且经常出现的情况是,在其他地方他们也不愿跟大人合作。

在前面几章里，大家肯定明白了，父母应该少说"不"，这样所有的家庭成员都会感觉到他们的存在以及需求的重要性。如果认为孩子"只是"小屁孩，还没有像大人一样有远见，就完全漠视他们的需求，会导致大人与孩子之间长期的不和谐。这时孩子会觉得，他们需要为自己的愿望进行强烈的斗争，而且经常出现的情况是，在其他地方他们也不愿跟大人合作。

但是大人应该勇于表达自己的需求，并且满足自己的需求，这同样很重要，即使这有可能招惹孩子短时间地冲大人发脾气。对一个人的健康成长来说，这一点很关键，孩子要在成长的过程中记住，其他人有时候也会有与自己相左的愿望，因此在这样的情形中，并不总是能够实现自己的意愿。对一个运转良好的社会来说，它的成员在适当的时候都能够退后一步，给别人的需求以优先权，是至关重要的。

以需求为导向的教育并不意味着家长要不惜一切代价让孩子免遭挫折，这样做甚至是不负责任的，因为一个孩子的愿望如果总是得到满足，他根本没有必要去哭泣，那他也不会产生同理心，以后生活中就会遇到困难。如果周围的人不给孩子指出，他是有界限的，那孩子也就不会学到，不应该随便跨越这个界限。孩子有可能会由于家长的疏忽，真的变成一个所谓的小暴君。

在大部分情况下，家长是第一个给孩子指出有不可跨越界限的人。这些界限不用人为地设立，在日常生活中它们会自然地显示出来。

我怀约舒阿的时候，我的两个女儿大概3岁。她们那时候还很喜欢让我抱她们，但是随着怀孕周数的增加，我的肚子越来越大，就没法儿抱她们了。我抱起来一个都很吃力，更别说把两个同时抱起来在我的身体两侧保持平衡了，这根本就是不可能的。因此我想到另一个办法来满足她们的需求，我会弯下腰跟她们亲热一下，但是我不再抱她们了。一开始这让她们十分苦恼，她们哭、发脾气，我不止一次地安慰她们，陪伴她们，直到她们接受这个事实。我的界限是天然的，我的身体无法再帮助她们。我的需求也是真实的，我要节省自己的体力。

如果我没有怀孕，而是出于原则拒绝抱她们，那就是另外一回事了。比如，我害怕我的女儿可能会习惯大人抱她们，会变懒，那我的界限就是人为设置的，我的想法的出发点就会是："她们必须明白，我不能也不愿意再抱她们了。"这样一个人为设置的界限会使亲子之间出现不必要的不和谐，当我们大人真的需要孩子合作的时候，也会挡住他们的合作之路。

现在的很多家长有时候并不确定，他们应该允许孩子干什么，必须禁止孩子干什么，哪些是天然的，哪些是人为的限制。如果孩子站在桌边吃晚餐，而不是坐着，可以吗？给小孩玩儿手机，好让他不哭不闹，家长好快快地给他换纸尿裤，这样做是负责任的行为吗？在跟孩子打交道的时候，家长每天都碰到无数的问题。找到问题的答案，对所有参与者来说都是一个学习的过程。每个家长都要自己找出来，他应该在什么地方说"不"，谁的需求在相应的时刻是最重要的。因此，我们在这里也不能笼统地说家长在哪儿应该设置界限，在哪儿不必设置。但是家长一定要事先考虑好，自己的界限在哪里，否则遇到情况需要做出即时反应时，可能会表现出不确定，而不确定的表现一定会被孩子察觉到，孩子能够清楚地感觉到它和明确的"不"之间的区别。

找出界限在哪儿的六个标准

第一，是不是有生命危险。所有有生命危险的事情，当然是应该禁止的，这点根本不用讨论。不需要跟一个2岁的孩子商量，他是不是可以自己过马路，过马路的时候只能拉着家长的手，或者被家长抱着，或者在婴儿车里。还有插座、电线、明火、炉灶、打开的窗户、酒精饮料、香烟和咖啡，这些都是孩子不能碰的。

但是餐具有一些例外。即使刚到2岁的孩子，我们也应该允许他们用儿童餐刀往面包上抹黄油，或者切开一小块儿苹果。只有通过练习，他们才能学会使用危险的器具，避免较大的事故。因此，我们一定要注意孩子的年龄，然后再说出我们的"不"。一个2岁的孩子当然不能自己过马路，但是一个4岁的孩子却可以在家长的陪伴下，在比较窄、车比较少的街道上自己决定这时候过马路是不是安全。一个5岁的孩子也可以在家长的陪伴下点火，或者用一把儿童折叠刀切断树枝。他也可以帮家长做饭，用一把锋利的刀来切蔬菜，或者站在炉灶边帮着搅拌。

第二，如果坏了，会有问题吗？如果一个孩子一定要拿什么东西，那家长就应该考虑一下，他好奇的这件物品会不会摔坏。如果摔坏，那大人会不会觉得这有问题。比如，一个普通的杯子掉在地上摔碎了，家长通常是不会心疼的，但是一个贵重的数码照相机就是另外一回事了。每个家庭自己要搞清楚哪些物品对他们来说很贵重。但是总的来说，家长应该明白，有些东西对孩子来说当然是禁止触摸的。家里的绝大部分地方以及里面的物品都应该是对孩子开放的，他们把东西拿在手里，塞进嘴里，或者用自己想出来的主意使用它，这些都是孩子学习的很好方式。就像我们前文所讲，孩子应该在一个"是"的环境里成长。

第三，会不会打破别人的界限？别人的自由开始的地方，就是自己的自由结束的地方。这一点康德指出过。但是界限到底在哪儿？这是一个十分主观的估计，需要参与双方自己来商议。比如，吃饭时说话、开玩笑，甚至站起来，有的家庭觉得这样做挺好、挺放松，但是对另外一些家庭来说，这么做会造成紧张局面。有的妈妈觉得孩子在泥里爬来爬去没问题，有的妈妈就会想，给孩子洗衣服多麻烦，所以不喜欢孩子这么做。如果妈妈说："我没有时间每天晚上洗衣服，因此我的孩子也应该尽量别把自己弄脏。"这就是一个自然的界限。如果妈妈说："我的女儿不应该把自己弄脏，因为小姑娘不应该在泥里滚来滚去。"这就是一个人为的界限。那些能在泥里滚来滚去的孩子比起那些妈妈禁止他们这么做的孩子，待遇上并没有好坏之分，因为这里唯一重要的是，孩子应该认识到其他人有个人的界限。他们应该学会退后一步，照顾其他人的需求。

第四，说"不"是为了省事吗？家长说"不"，经常是因为如果他们说"是",会给自己找更多的麻烦。因此他们要考虑一下,他们说"不"是由于自己想省事,还是出于真正的需求。要做到这一点当然不那么容易。我的儿子约舒阿特别喜欢玩儿水,早上我帮他的两个姐姐梳头的时候,他会站在小凳子上,在洗脸盆那儿玩儿来玩儿去。打开水龙头,关上水龙头,再打开,再关上,这让他无比着迷。他有时候把手放在水龙头下面,或者把塞子揪出来,这时难免会把他的毛衣甚至连体服都弄湿。对我来说,这当然有点儿麻烦,因为我还得再给他换一次衣服,但是我可以接受这一点,因为我看到他玩儿水的时候有多么好奇和专心,看起来他真是学到了很多东西,所以我不愿意打断他。然后我把他的两个姐姐送到幼儿园,在幼儿园里他也经常想冲进卫生间玩儿水,或者用马桶刷在马桶里刷来刷去。这时候我就会阻止他,他当然也会大声抗议,可是在幼儿园里我可不想再给他换一次衣服,原因很简单,因为我没有那么多时间,也没带那么多换洗衣服。我们在夏天的时候,下午经常去一个有水泵的游乐场,在那儿他可以光着身子玩儿个够。我在这种时刻经常会想:谁的需求更重要?早上在我们家,他的学习需求比我省事的需求重要,而在幼儿园,我的需求更重要,因为我在时间上受到限制。对其他家庭来说,可能这种思考过程的结果会不同。

  如果孩子要帮着做饭,或者想把一卷手纸都扯开,或者睡觉之前还想用毛笔和颜料画画儿,这时候家长就应该问自己:我的"不"是图省事的"不"吗?我是没有时间还是没有兴趣?

  卡洛塔和埃伦娜2岁的时候,她们在地铁里总想让我把她们婴儿车的安全带打开,她们会从车里出来,爬到地铁的座位上。而我们只坐两站,对我来说这很费事。我当然很希望她们在这么短的时间里能乖乖地系着安全带坐在婴儿车里。但是如果我这时候说"不",那就是一个图省事的"不"。从客观上来说,我完全可以让她们爬到座位上,因为等地铁到站的时候,她们总是很配合,让我把她们放回婴儿车里。所以我就想,合作应该总是双方的,于是就满足了他们的意愿。

家长偶尔满足一下他们图省事的需求,也并不是一定要遭到谴责。家长有权利得到安静和休息,这根本不用质疑。但是我们一定要记住,即使对幼童来说,合作也总是既有给予又有索取。如果我们大人在很多情形下都对孩子说"是,好的",孩子也会倾向于在对我们来说很重要的情形下满足我们的愿望。所以我们应该尽量避免说太多的图省事的"不"。因为这会在日常生活中造成很多本来可以避免的冲突,而且最终会导致孩子不愿意合作、不听话,甚至做出挑衅行为。

第五,从发展心理学来说,孩子有没有能力执行这个"不"?我们要检验一个规则是否可行,最重要的一个指标就是孩子在智力上和情感上是不是已经有能力对这个规则做出反应。就像我们在本书的开篇部分描述的那样,孩子的冲动控制、同理心以及语言理解能力这些关键能力都扮演着很重要的角色,决定了孩子是不是可以接受一个规则。如果从孩子的发展程度来说,他们根本无法遵守这个规则,那我们也就不能以不公平的方式去责备他们。

我的双胞胎女儿卡洛塔和埃伦娜还比较小的时候(大概是一两岁之间),她们洗澡的时候总会在浴缸里突然站起来,有时候她们是想从浴缸沿上挂的袋子里取一个玩具,有时候是想打开水龙头,或者是想往自己的姐妹头上浇一瓢水。我的第一个冲动是禁止她们站起来，因为我觉得这样很危险，她们可能会滑倒受伤。但是我发现，她们站起来是游戏中自然发生的情况，也就是说，她们不是有意识的，更不是故意为之。她们根本就没有察觉到她们站了起来，也不可能知道在我的眼中她们做了错事。如果我真的这么想，就会不断地说"不，坐下"，打断她们的游戏，那样的话洗澡就成了一件苦差事。而且我还得一而再再而三地责备她们，因为从发展阶段来说，她们根本没有能力来执行我的命令。因此，我决定不再坚持自己的想法，不禁止她们站起来，而是把自己的任务变成：如果她们滑倒，我就扶住她们。结果是她们一次也没有滑倒过。

当然，在她们这个年龄，不可以做的是有意把水倒在卫生间的地板上。我禁止她们这么做的时候，也同时给她们看了另外一种可能性：我们的浴缸贴着墙，那一面有瓷砖和勾缝剂保护，在那边她们可以倒水。这种妥协的做法她们觉得可以接受。从3岁开始，她们洗澡时就不再站起来了，因为这时她们在这个领域的冲动控制已经发展得很好了。

第六，说"是"的话，家长会难受吗？最后我们应该考虑一下，如果家长说"是"，答应孩子的某种行为的话，家长会不会在身体上和感情上受到伤害。我们一定要记住，孩子如果迫切希望去尝试什么东西，家长又同意孩子这么做的话，孩子的愿望很可能一转眼又会自行消失。家长越是放松地对待孩子的某种行为方式，他也就会越轻松地放弃这种行为方式。如果一个1岁的小孩想把一卷手纸扯开，那家长就让他去做好了。最多等他把五卷手纸都扯开了之后，他也就学到了要学的东西，自己就会停止这种行为。

但是如果这个1岁的孩子睡觉的时候要抠妈妈的乳头，那妈妈大概很快就会发怒，并禁止他这么做，因为孩子把她弄疼了。面对这种习惯，家长应该尽快制止，而且尽早对孩子说"不"。在这种行为发展成一种睡觉的仪式之前，尤其是那些让家长疼痛的入睡方法，比如，揪头发、搓皮肤、抠家长的鼻孔，如果家长没有立刻明确地表明自己的界限，这种坏习惯有时候会持续很长时间。所以，家长照顾好自己也是十分重要的。孩子能够学会用不给家长带来痛苦的方法入睡。但是如果他们已经习惯了带来痛苦的方法，他们就会大声要求家长继续配合，而改变这种习惯将会是一个漫长的、让人烦恼的过程。

当说"不"不管用的时候

有时候家长会遇到这种情况,孩子不再接受他们说"不",这时他们就必须找到另外一种方法来实行自己的禁令。艾丝特(40岁)给我们讲了她遇到的难题:

其实我3岁的儿子西蒙是在"是"的环境里成长起来的,我总是尽量不说"不",比如他想研究一个抽屉时,或者想用马桶刷打扫厕所时。但是他不可以做的事情是爬书架,因为这太危险了。但是不知道为什么,我没办法让他不这么做,他总是跑过去,爬到上面。我整天都得守在书架边上,防止他爬书架。在这种情况下,我说"不"对他根本不起作用。我感觉他完全对我说的"不"充耳不闻。

通常情况下,家长禁止孩子干什么,只需要说一次或两次"不",然后孩子就明白了这是禁止的,但是如果我们对孩子的某一行为说了上百次的"不",我们不但觉得自己像一个破唱片,而且对孩子的智力也是一种侮辱。他们之所以不听从我们的指挥，并不是因为他们太傻，无法理解我们的话，或者记不住我们的话，而是出于另外的原因，比如说，他们无法克制自己的好奇心，或者无法控制自己的运动冲动，也可能是他们想要用自己的错误行为向我们传达一个隐蔽的信息，这时候我们就不应该再不停地说"不"，也不应该指望孩子在我们下次说"不"的时候听我们的话，而是应该寻找其他方法。

一种可能性是"留意好行为"。在本书的前面部分，我们已经解释了这种做法。这时候艾丝特就应该注意西蒙什么时候从书架边走过，并抓住机会，冲西蒙友好地点头，并且告诉他："你要记住规则，不可以爬书架。"由于孩子通常都想跟父母生活在和谐之中，他们会对家长积极的反馈感到高兴。这些积极的反馈会给他们的行为以肯定："我的妈妈看到我从书架边跑过去没有爬上去，就很高兴。"我们在这里还要强调的是，孩子是知道他们不应该做什么的，但是这并不意味着他们自动就会知道应该做什么。所以我们要给孩子明确的指示，避免说"不"，等他们做出符合我们期待的举动时，又能给他们一个简短的、友好的反馈，这会帮助孩子发展出符合社会规范的举止。

另外一种可能性是积极防御。由于艾丝特知道西蒙喜欢爬书架，因此她内心要提高警惕，一旦发现西蒙到了书架边上，就要在他开始爬之前把他抱住，吸引他去玩儿另外一个游戏，对他说"来，我来给你念本书"，或者说"我们造火车吧"。如果这时候艾丝特能够领西蒙到另外一个房间，转移注意力，就会很容易成功，这样被禁止攀爬的书架也不会再吸引西蒙，考验他的冲动控制能力了。如果艾丝特动作太慢，西蒙已经开始爬了，那她可以小心地把他从书架上抱走，不要责备他，而要说："我觉得你是忘了，爬书架是禁止的。"家长要尽力做到友好，充满爱意，因为孩子并不会刻意去惹家长生气。对西蒙来说，这只是一个游戏，甚至很有趣。因为只要他往书架那儿跑，爸爸妈妈就会跳起来。在西蒙的行为背后，并没有什么恶意的企图，因此责备他是不适当的，也没有意义。更重要的是把孩子从书架上抱下来之后，要把他带到另外一个房间，并且和他一起开始另外的游戏。只有这样，才能防止他再次受到诱惑。要想改变幼童这样的游戏习惯是很困难的，一旦被禁止的行动变得很有趣，那他就会一再地去尝试，看看下一次是不是还这么有趣。对家长来说，这将是一个很累人、很让人沮丧的事情。

为什么惩罚解决不了问题

我们再回到本书第三章,看看艾尔莎的例子。艾尔莎会把自己的衣服剪烂,在墙上画画儿,晚上故意大声地在房间里推来撞去,以引起她妈妈的注意,因为弟弟出生之后,她感觉自己对父母来说不再重要了。在分析这个例子时,我们解释了为什么孩子的挑衅行为通常都是求助的信号。孩子发出这种信号,实际上是想让家长明白,他们此刻感觉不好。妈妈难道不应该采取行动,让艾尔莎明白,剪坏衣服和在墙上画画儿是不能接受的行为吗?难道妈妈不应该让小姑娘承担某种难受的后果,好让她以后都不再进行这种挑衅行为吗?

不,不要这样,妈妈不必这么做。大家普遍相信,只有当孩子受到惩罚,尝到他们干傻事的苦果,他们才能学会不去做傻事。但这完全是家长的想象,有可能这种方法也会奏效,但是它绝不是唯一可能的教育方法。如果大家想一想,孩子的挑衅行为实际上是不愉快的表达方式,那惩罚就意味着家长给了他这样的反馈:"我不想听到你以这种方式来表达你的不舒服!"如果这种情况下孩子去寻找另外一种表达方式,那当然是好事。但是他也可能不再跟父母讲他心情不好,因为他感觉父母不会听他说。这样的孩子经常会把情绪向外发泄,会在其他地方做傻事。比如在幼儿园或者学校,他们希望在那儿能有人真正倾听他们的心声。

在某些情况下,对孩子施以惩罚甚至可能是有害的。没有必要告诉孩子,他做的事是错的,因为他已经知道了这一点。尽管心里明白,但是他还是会听从自己的冲动,去表达他的不愉快。所以,如果这时家长采取的后续行动让他更加不愉快,那就事与愿违了。我们并不是想说,家长应该微笑着、眼睁睁地看着漂亮的客厅被水彩笔画满。家长在这时候真实地显露自己的怒气也是很重要的。所以艾尔莎的妈妈尽可以大声地、生气地反馈说她觉得在墙上画画儿的行为特别可恶:"真难看!现在墙上被画满了,我觉得这真难看。我想要白墙,白的!我现在都快气死了!气疯了!我得先深呼吸一下,不行,深呼吸还不够,我还是特别生气。我得出去一下才能安静下来,然后我再过来找你。"

在这个短暂的间歇里,卡特琳可以进行一场沉默的自言自语。她可以在脑海里演绎一下,她多想把自己的女儿劈头盖脸地训一顿,多想好好地惩罚她一下。如果她有要打人的冲动,她可以在隔壁房间里使劲儿拍几下手,或者用手打自己的大腿,这样就可以用机械的方式达到发泄的目的了。在这之后,她可能心情平静一些,就可以回到女儿身边,然后说:"我觉得你把墙弄得这么脏,实在是太可气了,希望我们还能把墙弄干净。但是我刚才在另外一个房间思考了一下,也许我前一段时间跟你一起玩儿得太少了,我想我太忙了。但是我现在知道这一点了,我也会改变自己的做法。你下回发现我陪你时间太少的时候，你可以直接告诉我，而不是在墙上乱画，好不好？这对我来说更简单一些。现在你想跟我一起玩儿一会儿吗？亲热一下，看一本书，还是跟我一起画画儿？"

　　如果妈妈在这里可以做出这样的反应，那她就教会了女儿好几件重要的事情。她向女儿展示了，在这种情形下她到底心情如何，引起了她哪些情感上的反应。她真的是被气坏了。这时艾尔莎的大脑，具体说是她的前额叶就会存储起来，她的行动在别人那儿引起了什么反应和情感。卡特琳还演示了，她使用哪些方法来平静自己的心情。孩子可以通过观察学到很多事情，也许艾尔莎自己有一天也会试着使用这些平静心情的方法。妈妈还对孩子为什么在墙上乱画的原因进行了猜测，并且做出了反馈，也就是说，艾尔莎也有可能通过妈妈的反馈来了解自己，了解自己为什么会有这种冲动。妈妈在这里还建议女儿，下次心情不好时可以做出什么样的行动。所以，妈妈在这里给予女儿的正是她真正需要的，那就是充满爱意的关怀。在这样的时刻，孩子的内心会得到成长。

急性反抗大发作时的应急措施

如果家长在某个具体情境中已经认真考虑了谁的需求更重要,并且得出的结论是,自己的需求更重要,那我们就应该明确自己的界限。

缓和气氛三步走

如果家长在某个具体情境中已经认真考虑了谁的需求更重要，并且得出的结论是，自己的需求更重要，那我们就应该明确自己的界限。对年龄很小的孩子来说，这么做当然经常会惹他们发怒，他们会大哭大叫、撒泼打滚儿。但是父母不应该把这种反应当作故意反抗，而应该明白，我们的孩子在这一时刻正经历着不同寻常的强烈情感，完全超出了他们的控制能力。他们并不是想试探我们的底线，或者实现自己的意愿，他们只是想处理自己的情感。1-4岁的孩子在这样的危急时刻，往往无法自己平静下来，他们需要外部调节来支持他们。那我们成年人在孩子发作的时候应该怎样帮助他们呢？

第一步：尊重孩子，建立联系。

与发脾气的孩子进行沟通，关键在于在建立联系时要尊重他们。他们的大脑在发作的时候是关闭的，因此无法加工语言。在孩子发作时，他们根本听不见家长在说什么。

但是，这时占了上风的情感脑还能解读表情和姿势。如果这时我们想跟孩子沟通，就需要采用一种基本的沟通方法，我们最好带着关切的表情蹲在孩子的身边，感情脑会感觉到我们的同理心，即使在这种极端情况下也能够解读我们："家长对我是好意的，并且尝试着去寻找解决方案"。

这时候用充满关切的声音说话也很重要。对1-3岁的幼童来说，家长应该使用充满关怀的但又不悲悲戚戚的声音，来表述孩子目前的感觉如何，这样孩子可以学习把内心的不同情感状态进行分类。第一次发脾气的孩子，实际上根本不知道愤怒是什么，认识这种感觉、说出它的名字，并且了解对付它的最好办法，这些都是通往冲动控制的道路上的关键点。

3岁以后的孩子通常已经经历了许多情感状态，他们自己可以区分不同的情感，家长就不用再告诉他们了。如果家长还这么做的话，孩子可能会想，他们根本没有这种感觉，但为什么家长要强加给他们这种情感。这会使孩子下意识地采取防御的态度，因为他们已经知道了自己是情感的创造者。

在孩子发脾气的时候尽量用简短的句子，这一点也很重要。这样做能让他那疲于应对的大脑在平静的过程中听懂一点点。比如，我们可以这样说："你很生气！生气！生气！你说不，妈妈！不，不，不！"用语言反映孩子这时的情绪，可以让孩子明白，我们对这个情形是理解的，并且对孩子的举止是尊重的。我们也可以传达给他，他可以毫无畏惧地表达自己的情感，也就是说，不用害怕这样做会失去我们的爱。我们这样做并不是要把孩子的怒气阻止在萌芽状态或者让发作的时间变短。我们只是给孩子提供一个感情的支撑——我们向孩子伸出援手，使他能够找到走出情感旋涡的路。家长只需要小声地、每隔几分钟重复一下自己的话就足够了。也许十分钟之后孩子会明白我们的话，知道我们理解了，对我们的决定很生气，这时候，他的声音就会变小，他会注视我们。但是发作在这时候还没有结束，只是他的认知脑从这一刻又开始工作了，也就是说，家长又可以用语言跟孩子沟通了。

第二步：再次坚持说"不"。

现在，孩子已经通过发怒表达出了他的问题，并且平静了一些，这时，家长就可以来陈述自己的意见了。孩子的感情风暴已经平息，我们就可以使用正常的语言来解释，我们为什么不能像孩子希望的那样做："你还想再玩儿一会儿，但是我们得出发去幼儿园了，否则我上班就迟到了。"当然我们再次说"不"，孩子肯定不会那么愉快地接受，心灵上的平静仍然很容易被打乱。有可能孩子会再次发作起来，但是这种发作通常比第一次要弱得多。这时候我们就需要重新带着关切的表情耐心等待。孩子是想再一次表达他的失望，家长应该允许他表达自己的情感，这对孩子的心理健康来说是很重要的。如果这时孩子的怒气再次增强，我们就应该用柔和的声音，用语言来表达我们听见了什么，也就是说，我们要重复第一步。

但是这时要注意的是，我们不需要为我们的"不"道歉。这样做是不对的，因为我们成年人一旦做出决定，就要说话算话。这个决定是经过我们深思熟虑的，而且我们认真考虑了各方的需求。如果这使我们的孩子生气或者伤心，我们当然会为此感到遗憾，但是我们不需要为我们的"不"道歉，否则我们也可以说"是"。家庭关系治疗师娜奥米·阿尔多特曾经描述过这一点："有时候家长会说抱歉，其实他们根本没有需要道歉的地方。他们会说

'对不起,但是你不能再吃这些糖',对孩子来说,这听起来好像是'如果他表现得更伤心,爸爸就真的会不好意思,也就不会坚持不给他糖了'……这些没有真实表达的信息会让孩子迷惑,如果家长原原本本地表达自己,对孩子来说就更明确……所以在表述你们的决定时,请使用与个人相关的描述方法,比如说'我不希望你再吃糖,因为这不健康'。如果我们的沟通很清楚,孩子也就更容易接受,也许孩子会表达一个更明确的请求——'那我可以吃一颗健康的糖吗?'"[1]

在理想的情况下,我们陪伴自己的孩子经过第一步和第二步,他的怒气就会渐渐平息,焦虑消失。不论何时,我们都应该给自己的孩子机会,来经历和承受他们自己的情感,这是他们成长的机会。一旦他们在我们的帮助下承受了自己的情感,完整地经历了这些情感,他们就会不带任何负面情绪地向前看。他们虽然筋疲力尽,但同时也会感觉内心变得更有力。父母当然在日常生活中不一定都有时间和精力来陪伴孩子发怒,每次都耐心地等到最后一分钟。如果是这样,我们就可以选择进行第三步。

第三步:提供妥协方案。(选择项)

有时候,家长应该给孩子提供一条脱离他的怒气的出路。比如我们有一个重要的约会,要准时出发。等孩子第二次基本平静下来,能听懂我们说话之后,我们可以给他建议一个双赢的妥协方案。这一点比较难,因为想要

---

[1] 阿尔多特:《从教育到同感:父母与孩子共同成长》。

马上想出一个让冲突双方都满意的主意并不是那么容易。通常效果比较好的办法是，提供一些选择的可能性："你很想再玩儿一会儿，但是我们得出发了，你可以把娃娃放到背包里，它可以在幼儿园的衣帽间里等着你。""你还想再滑几下滑梯，但是我们跟牙医已经约好了。你再滑一两次，然后咱们就走，好吗？""你想穿雨鞋，但是外边那么热。注意，你可以把雨鞋穿上，我们把你的凉鞋也带上，过一会儿就换过来。"

家长在这时要注意，不要犯好心的错误，这种错误在我们的社会中极其普遍，所以绝大部分的人都觉得很正常，不觉得是个问题。家长总是倾向于尽量让孩子避免沮丧，这对于一个满心是爱的家长来说当然是可以理解的，可是想让孩子发展出冲动控制能力和同理心，家长的做法却是一种障碍，甚至是有害的。现在我们经常能看到，家长为了不让孩子感到痛苦，给他提供另外一种选择。如果孩子想要在游乐场接着玩儿，家长要带他走，他就哭泣、发怒，家长就会引诱孩子说，在家里他可以美美地看一段录像。如果一块儿饼干从包装袋里拿出来的时候碎了，孩子因此"陷入危机"，家长就赶紧拿出一个新的、完好的饼干来扭转局面。如果一个孩子摔倒了，磕破了膝盖，他马上就会得到一块儿糖作为安慰。如果一个孩子不小心把玩具弄坏了，发起脾气来，我们经常能听到家长说"我给你买个新的"。这种行为当然是好心，但是孩子的大脑里本来就有一种趋势，更喜欢马上满足他自己的需求，而不是选择自我控制和推迟满足自己的需求，家长的这种做法只会加强孩子的这种趋势。孩子越是跟亲人一起获得这样的体验，他的前额叶就会越懒惰，而前额叶是负责冲动控制和自我调节的。孩子不会学着去忍受让人沮丧的情形，也不会积极地去寻找解决方案，他学会的是通过其他方法获得替代性满足，使自己不再关注情感上或者身体上的痛苦。

因此，我们在孩子发怒的时候，不要提供给他们一个替代性满足，或者是分散注意力的机会，而要选择一种双赢的妥协方案。要考虑所有参与者的需求，并且找到一个大家都能接受的解决方案，这会增强前额叶的功能，孩子就学会了从别人的角度设身处地地着想，并且在必要时做出让步。他们的社会能力会更强，做事会更顾及别人的想法。他们也会明白，发怒和悲伤在不可避免的情况下并不是坏事，他们足够强大，可以忍受这些怒气后面的情绪，这也又会使他们的自信心加强，使他们获得积极的自我认识。一个孩子如果2岁时能够明白，一块儿饼干碎掉并不是世界末日的降临，他可以在亲人的怀抱里痛痛快快地为此感到伤心，那5岁的时候，如果他最喜爱的玩具坏了，他也就能更好地忍受这种情况，等他成年之后也会以合适的方式面对打击和失败。

当安抚不管用的时候

有时候家长不管怎么做,也无法安抚发脾气的孩子。孩子的声音越来越大,甚至一连几小时也不会平静下来。这是为什么呢?

第一,家长的同情心没有被接受。

在家长对孩子的情绪做出反应时,重要的是让孩子感觉到,家长真的和他们感同身受。如果家长感觉已经受够了孩子的哭闹,开始怨天尤人,那孩子也就不会从家长身上感觉到真正的同情,他仍然会觉得自己不被理解,仍然会大喊、发脾气,对成年人来说可真要好好练习!

第二,家长的反应错误。

如果家长猜测孩子的意思是"你发脾气!发脾气!你想说,饼干,妈妈!饼干,饼干!",孩子仍然安静不下来,而且哭喊的声音更大,脾气发得更大,那家长大概是没有正确理解孩子发怒的原因,于是孩子试着用更强烈的哭泣来告诉我们这一点。

这时候我们就应该赶紧转换思路,考虑一下孩子发作的真正原因是什

急性反抗大发作时的应急措施

么。有时候这并不容易，因为对一个成年人来说，孩子为什么哭，有时候还真弄不明白。但是我们应该记住，孩子哭总是有原因的。想要解开这个谜团，就需要对孩子有很好的了解。以下原因是可能出现的：

- 孩子想要独自做什么事情，而爸爸妈妈要代替他去做，他就生气了。
- 孩子想要某个东西，妈妈没搞明白是什么，因为孩子表达得还不够清楚。
- 孩子不想做某件事情，但是家长坚持要他们这么做。
- 孩子想要自己做什么，但是没有成功，做得不像自己想象的那样。
- 孩子把一件东西拿在手里，却无意之中把它弄坏了。
- 孩子认为妈妈不愿意给他某个东西，两个人还没有开始商量，孩子就哭了起来（这是特别棘手的情况）。
- 孩子以为家长故意做错某件事，或者是故意不按照他希望的那样去做。

我的双胞胎女儿卡洛塔和埃伦娜两岁半的时候，她们喝水时用的是一种特殊的小玻璃杯。但是有一次埃伦娜把杯子摔坏了，因此，为了公平起见，我在吃晚饭的时候就找出来另外两个一模一样的杯子，但是比原来的杯子要小一点儿。等我拿着杯子放到餐桌上时，杯子没有摔坏的卡洛塔就生气地喊起来："还要！还要！"我说："卡洛塔，杯子已经装满了，已经倒不进去了。"结果她越来越激动，开始乱踢乱打："不，还要！"这时其实她已经能说完整的句子了，但是她内心怒火中烧，所以只能说出几个词来。而且她也一时找不到能更清楚地表明她意愿的话，只能说"还要！还要"，因为她的认知脑以及其中主管的语言部分已经被关闭了。我回答说："你可以要更多的果汁，但是先把这一杯喝完。"我刚说完，她就开始大哭起来，我预感到这一切最终会发展成一场大发作。这时候我就开始琢磨，她心里到底在想什么。一开始完全是试探性的，因为我根本不知道她到底想让我做什么。"你想要更多更多，你的意思是更大的杯子？"这时候我恍然大悟，"另一个杯子，你想要你的另一个杯子！"女儿的脸上马上出现了放松的表情，因为她被理解了，她回答说："是，另一个杯子。"她想要自己原来那个杯子，原来是这么回事！我觉得给两个孩子同样的杯子才公平，但是在女儿的眼中，不一定是这样。而且我在理解她们的思路时，一开始也没有找对方向，所以卡洛塔提高了嗓门儿，想告诉我这一点。等我总算弄明白了情况，让自己走上正确的思路，我们又可以谈话了，她也平静了下来。对孩子发怒的原因出现误解，这种事经常发生在我身上。我们共同经历的发怒情况越多，我也就越容易找到原因，因为我更了解我的孩子。就像还在婴儿期的时候，我学会解读她们的哭声才能细心地、充满亲情地给予回应，现在我也学着去解读她们的怒气，只有这样，在遇到不可改变的事情时，我才能给予她们支持，遇到有可能妥协的事情时，能帮她们一起寻找解决方案。

第三，孩子太困了。

如果一个孩子太困，不管是什么事还是什么人，都无法再与他沟通。家长就算使出吃奶的劲儿，把嘴皮子磨破，孩子仍然会继续发脾气。这时候只有一个解决办法，那就是上床，和爸爸或妈妈一起入睡。

第四，孩子需要"出气筒"。

1岁生日过后，孩子都会经历发展跳跃期。当然，每个孩子开始的时间和

急性反抗大发作时的应急措施

跳跃的距离都可能不同,因此比起1岁以前,家长更难找出规律,就像杰尔特在《太棒了,我在成长!》一书中所描绘的那样。

另外,每个月总有那么一天,孩子会从早到晚不停地发脾气。如果孩子早上醒来不是像往常那样高兴地叽叽喳喳,而是一被叫醒就开始哼哼唧唧,那家长就要知道,这样的日子来临了。刷牙的时候,他们就发了一通脾气,因为牙膏挤出来的时候不太对劲;然后本来最喜欢的长筒袜突然看起来十分糟糕,绝对不能再穿了;早餐的时候再次崩溃,因为牛奶是那么白;等等。家长刚帮孩子成功脱离了第一个危机,第二次因为鸡毛蒜皮的发作又要开始了。有趣的是,孩子在这样的日子里往往会提出完全荒谬的要求,或者对他们平时可以容忍的事情发脾气。26岁的鲁兹就给我们讲了他的儿子拉尔斯把他当成出气筒的一天:

平时他是一个很合作的男孩,可今天早上,从起床开始,他的情绪就有点儿不怎么好。因为他的纸尿裤满满当当的,所以我就征得他的同意给他换新的。但是当我把纸尿裤扔到垃圾桶里的时候,他突然大发雷霆,他一定要把那个纸尿裤拿回来,就是刚才我给他解下来的那个满是屁屁的纸尿裤!我完全不知所措,因为这个要求太荒谬了!但是他真的跟我争执了起来,他一定要把扔纸尿裤的垃圾桶的盖子打开,把纸尿裤拿出来。我不知道花了多长时间才让他打消了这个主意。他大哭,发了一通脾气,然后直至筋疲力尽。接下来一整天都是这个模式,他不停地提出一些荒唐的要求,这些要求就算我愿意,也不可能去满足他。比如我们走过冰激凌店,因为正好是冬天,冰激凌店关门了。儿子站在门前,像疯了一样捶门,因为他现在马上就想吃一个草莓冰激凌。我告诉他,我们可以到边上卖报纸的小店里买一个,那里的冰柜里有带包装的冰激凌,但是他不愿意,他就要那种特殊的草莓冰激凌。那一天真是无比难过,所以我至今记忆犹新,我儿子那天就像换了一个人似的。

  这样的日子真是难以忍受,因为总有一种感觉,好像孩子在有意挑战我们,找碴儿让自己可以爆发一下。我们猜测,情况可能真的如此,因为大脑在这样的日子里重新连接,就像一个电脑清理硬盘一样。孩子自己会感觉特别奇怪,就像婴儿在发展跳跃期一样。他们会更多地抱怨、哭泣,也更倔强。他们的社会能力好像也下降了很多,平时遇到某些情况他们已经能很容易地找到妥协的方法,避免争吵,现在他们可能又会大打出手,只是因为另一个小孩想要拿走他们的玩具。想要摆脱这种奇怪的感觉,有的孩子就会下意识地开始捣蛋,来给自己制造一个机会大哭一场。发作之后不舒服的感觉会暂时消失,家长这时候也发挥了出气筒的作用。在这样的日子里,家长其实什么也做不了,只能关爱地陪伴着孩子,即使这样做很困难。如果家长试着对孩子温柔以待,不让他爆发,往往作用也不大。还不如平心静气,坚定地守住自己的底线,给孩子机会,让他哭泣、发怒。这种发展跳跃期一般都不会超过三天,家长可以这么想:"一切很快就会过去。"用这种想法来自救。

  第五,家长什么都没有做错,但是孩子翻旧账。

  有时候会出现这种情况,家长设身处地地为孩子着想,一切进行得很顺利，孩子在我们的怀里好像越来越安静，但是突然又提高了音量，接着哭下去了。对成年人来说，这真是既让他们迷惑不解，又让他们垂头丧气，因为他们觉得马上就要成功消除孩子的怒气，孩子马上就要安静下来了。家长在这时要明白，孩子喜欢利用一些机会，把他们往日的痛苦在相应的情形下也倾倒出来。当他们发觉有人真正地关怀他们，无条件地接受他们的怒气和悲伤时，他们就会把这个人当作安全的港湾。这时，过去情感上的痛苦就会在他们内心重新涌现，这是他们在过去没有处理掉的，所以一直积压心头，现在他们在这个安全的港湾里把这些旧日的伤痛也一起哭了出来。这时候他们实际上是在进行极其有效的心理调节。成年人在这个时候不应该做出拒绝的反应，比如我们经常能听到大人说："好了好了，现在没事了。"家长这时应该继续安慰孩子，支持他们，一旦孩子哭够了，他们可能筋疲力尽，但是心里却感到很幸福。

压力调节，学会如何安抚自己

在孩子成长的过程中，他们总会面临压力，因此家长一定要让孩子学会一些技巧，在不愉快的情形下调节自己的情感，因为在幼儿园、学校，以及以后的工作中，如果因为小事情就发脾气，可不会带来好结果。

学习调节压力的技巧并不意味着要压抑情感，而是要学会在社会可接受的框架下来发泄情感。我们在这本书中一再强调，家长应该允许孩子表达一切情绪，这样孩子才能学会控制它们。即使消极的情绪也有建设性的一面，比如，怒气就是向别人发出的一个重要信号，表示自己感觉受到了侮辱、伤害，或者受到了某人不适当的控制。孩子会自动通过发怒跟对方保持距离，因为发怒让人看起来具有危险性。因此在自立期，应该允许孩子针对大人的规则以及限制表达他们的怒气。他们应该也必须了解家长的界限，自己渐渐独立，但是同时也要学会，在一个冲突中只有各方的不同需求都得到讨论，才能找到一个所有人都可以接受的解决方法。他们也应该学会，有时候人不得不顺应某种情况，服从别人所说的"不"。这当然是一个很困难的平衡，我们成年人在这方面都有自己的经验。

孩子越大，他们越能够在发怒的时刻采取控制压力的措施。他们掌握的这些措施还很有限，因此我们应该知道什么年龄段的孩子可以掌握哪些方法。

1-2岁

这时孩子可以学着在发怒时跺脚、摇头，大声说"不"，即使这对家长有些不容易接受，但所有这些都是放松的技巧，可以帮着孩子平静下来。大声喊叫也是一种方法。家长通常都不喜欢孩子大声喊叫，我们可以教孩子在自己的臂弯里，或者朝着一个减压枕头喊叫。毛衣和枕头的布料都可以有效地降低音量。

2-4岁

除了上面提到的方法，孩子还可以学习使用其他的自我平静的技巧。哪些对自己的孩子是合适的，家长需要自己慢慢发现。许多孩子喜欢跑回自己的房间，然后很戏剧性地狠狠把门摔上。如果家长觉得这个方法无法接受，比如门可能会被摔坏，那他们就别让孩子这么做。另外一些效果不错的措施是朝着沙袋或者减压枕头捶打，或者用一声长啸来摆脱怒气。大一点儿的孩子可以数到十，但是这个技巧孩子并不是很喜欢，因为数数不能提供足够的运动量来发泄怒气。但是从长远来看，数数却是一个很好的自我平静的策略，许多成年人每天都在使用这种方法，因此让孩子熟悉这种方法并没有错。

按照美国医学家卡普博士的观点，孩子从2岁开始就可以进行呼吸练习，达到自我平静的效果。他把这种呼吸练习称作"魔法呼吸"。妈妈应该舒舒服服地坐在地面上或者椅子上,手放在腿上,肩膀放松,腰背挺直,然后慢慢地通过鼻子吸气,在心里数到五,然后嘴巴发出"嘘"声把气吐出来,心里也数到五。吸气的时候,妈妈把双手从腿上抬起来,慢慢举过头顶,在呼气的时候再把手放下。如果孩子很好奇,想要模仿,妈妈也可以让他一起来练习呼吸。这时候,妈妈的手部动作更为重要,因为当手上举时,孩子就会吸气(当然,孩子也可以用嘴来呼吸,如果他用鼻子做不到的话),双手放下时孩子就呼气。最开始妈妈应该控制呼吸的频率,但很快孩子就会学会自己使用这种方法。

"推人"是另外一种调节压力的技巧。这时候孩子需要有一个"对手"。我的儿子约舒阿有一次特别生我的气,他想打我。他拽着我的毛衣,并且试着把我推开。当他开始对我推推搡搡的时候,我友好地对他说:"喂,你想推我,这是一个好主意!拿着我的手,把我推开,把你的劲儿都使上。"一开始约舒阿对我的这个要求有一点儿迷糊,因为他还很生气,所以他就全力推我。我对他的行为评论道:"你还是很生气,你可真有劲儿!"大约一分钟之后,他看起来平静多了,不仅是因为他的力气变小了,我的话也开始钻进他的耳朵。他能听到,我理解了他,他刚才特别生气。等他停下不推的时候,我就马上把他抱在怀里,然后好好跟他亲热了一番。

在推人的时候,两个人应该面对面站立,手抓着手。通常会有一个裁判。刚开始两个孩子可以奋力地、尽全力地去推。他们通过推这个动作来表达自己的怒气。如果是一个成年人跟孩子一起使用这种方法,就像我和约舒阿一样,那成年人就应该牢牢地顶住孩子,自己不要用力推。因为推人应该是发泄怒气的一个安全的出气口，所以这时候只能推，不能打人、踢人，或者撞人、咬人。另外还要避免其中一方真被推走，孩子的双脚应该牢牢地站在原地。两分钟之后，推人就可以停止了。因为过了这么长时间，身体里最大的怒气都已经消失了。这时候两只斗架的公鸡又可以彼此交谈了。我在推的时候感觉到了什么？我是不是感觉好多了？我感觉放松了吗？为什么我生气了？下一次我应该采用什么样的做法？

5岁以后

从这个年龄开始，孩子就可以学习大人式的抵御压力的方法了。除了那些孩子用的方法之外，他们还可以通过思考以及积极的自我对话来防止自己的怒气升级。关键点是孩子应该明白，怒火在他们胸中升起时是什么感觉。他们已经能够感觉到身体发出的信号，比如，姿势僵硬、心跳加快、耳朵发热，这些都是发怒的信号。他们明白了这一点，就可以有意识地放松自己，更好地劝说自己，防止自己更加激动。心理分析师和家庭关系治疗师曼弗雷德·西尔普卡曾经实施过一个项目，叫"不用拳头"，他描述了一种很好的方法，孩子可以分四个步骤来控制发火的情况：

首先，孩子要观察自己：自己的身体有什么感觉？

其次，使用平静技巧：深呼吸三次，慢慢地倒着数数，想一些美好的东西，对自己说"平静，平静"。

再次，认真地思考解决问题的方法：你跟谁出现了矛盾？有没有双方都可以接受的妥协方案？怎样可以让你满意？怎样能让对方满意？

最后一步的实施要稍微推迟一些，应该等到孩子已经平静了一会儿，又可以清楚地思考了，再仔细考虑一下刚才发生的事：为什么我生气了？我做了什么？哪些方法有作用？哪些没有作用？下一次我会使用什么样的方法？

如果一个孩子总是面对同样的冲突，那家长就应该和他一起玩儿角色扮演，重现当时的情景，并且通过问题让孩子注意到，可以有其他的行为方式。（比如哪些方法有作用？哪些没有？下次你会采用什么样的方法？）如果孩子可以在安全的范围内，在家长的帮助下练习这些技巧，他们就更容易摆脱怪圈，解决冲突，或者应对有压力的情况。

后记：
叛逆期赞歌

其实，家长应该对孩子在游乐场、超市或者早餐桌上发怒的情形表示欢迎，因为这给了孩子机会去认识自己，并发展自己的能力。

其实，家长应该对孩子在游乐场、超市或者早餐桌上发怒的情形表示欢迎，因为这给了孩子机会去认识自己，并发展自己的能力。在本书的开篇我们已经描述过了，孩子经常会采取原始的方式表达愤怒，比如，打人、咬人、推人，因为他们的攻击冲动在相应的神经通路上可以快速奔跑，毫无障碍，就像在高速路上一样。家长如果想要孩子对怒气冲动做出符合社会规范的反应，就应该对孩子进行训练，直到那些相应的神经通路也变成"快车道"。这种训练尤其是在所谓的叛逆期里更应该进行。因为这是大自然赋予我们的机会，让我们感受各种情感，尝试各种行为方式，收集别人的经验。叛逆期给了孩子机会，让他们通过尝试和误会，找出面对发怒、悲伤、快乐、嫉妒、羡慕等情感时，哪些是周围环境能够接受的反应。

我的一个好朋友曾告诉我，她在生孩子的时候盼望着每一次出现的阵痛，因为她知道每次阵痛都会让她更接近目标，那就是把她的宝宝抱在怀里。所以她并不把镇痛看作一种不得不承受的可怕事情，而是一种必要的帮助。她不会充满恐惧地拒绝阵痛，而是高兴地欢迎它。也许正因为如此，她每次生产的经历都特别美好。

对于孩子的叛逆期，我们也应该采取这种态度。每次愤怒发作都会让我们的孩子更进一步。我们不应该把孩子发怒看成可怕的事情，这是一种经验，是一种阵痛，虽然很痛苦，但是是必要的，最终将给我们带来最美的奇迹，那就是自立的、有同理心的孩子。